Locos por los gatos

Primera edición: noviembre de 2024
Título original: *La folie des chats,* de Claude Béata. Publicado originalmente en Éditions Odile Jacob.

© Odile Jacob, 2022
© de la traducción, Claudia Casanova, 2024
© de esta edición, Futurbox Project, S. L., 2024

Diseño de cubierta: Taller de los Libros
Imagen de cubierta: Freepik - dr.digitex
Corrección: Sofía Tros de Ilarduya, Manuel Pedrosa

Publicado por Kitsune Books
C/ Roger de Flor n.º 49, Escalera B, Entresuelo, Oficina 10, 08013, Barcelona
info@kitsunebooks.org
www.kitsunebooks.org

ISBN: 978-84-10164-25-3
THEMA: WNGC
Depósito Legal: B 17163-2024
Preimpresión: Taller de los Libros
Impresión y encuadernación: CPI Black Print
Impreso en España – *Printed in Spain*

CLAUDE BÉATA

Prefacio de Boris Cyrulnik

LOCOS
POR LOS
GATOS

Comprende los secretos del comportamiento
de tu gato para asegurar su bienestar…
¡y el tuyo!

TRADUCCIÓN DE
CLAUDIA CASANOVA

Kitsune
Books

Índice

Prefacio

Escribir de forma amena no impide a Claude Béata, veterinario clínico formado en etología, relatar anécdotas que plantean problemas filosóficos.

Desde que los gatos conviven con nosotros, su comportamiento ha evolucionado. Por supuesto, siguen siendo gatos, y no pueden evitar cazar, acechar y abalanzarse con gracia sobre todo lo que se mueve. Un gato es un gato, un depredador veloz, silencioso y elegante que, con sus pequeños dientes, puede despedazar una presa tres veces mayor que él. Pero el simple hecho de compartir el mundo con los seres humanos y vivir atrapados en una civilización, donde la locura tecnológica rompe la alternancia de los ritmos de trabajo y descanso, de caza y paz, provoca cambios biológicos y trastornos de comportamiento, tanto en los animales como en los propios humanos.

La vejez es un producto de la civilización. En la naturaleza, un gato vive tres o cuatro años, pero en un medio humanizado por la tecnología, con el mismo programa genético, un gato morirá entre los quince y los veinte años. Antes de la revolución neolítica, hace entre ocho y diez mil años, los esqueletos de los *Sapiens* de entonces muestran que apenas superaban la treintena. Hoy, una de cada dos niñas será centenaria, y los hombres se acercarán a los noventa años.

Un momento… ¿Quiere esto decir que humanos y animales comparten un mismo programa? Sin lugar a dudas, la civilización crea un mundo que modifica la expresión de un determinado programa genético, sea felino o humano. ¿La división entre humanos y animales corresponde, por lo tanto, a nuestro deseo de creer en tal separación y no a los estudios clínicos?

Como clínico, Claude Béata nos enseña lo que los gatos le han enseñado a él. Es imposible que un gatito aislado, privado de toda relación, se convierta en gato. Necesita a alguien para llegar a realizarse. Pero cuando falta ese alguien o tiene una conducta errática, el gatito se desarrolla con dificultad. Su cerebro, disfuncional por la alteración de los estímulos ambientales (falta o, al contrario, sobreestimulación), no puede madurar su comportamiento felino.

Cuando todo va bien, el gatito aprende a convertirse en gato jugando a buscar a sus hermanos y agarrando la cola de su madre. Estas pequeñas peleas y breves ataques no provocan ninguna hostilidad, pero cuando el gatito empuja con más fuerza, su peso y sus dientes infligen un dolor que obliga a la madre a reaccionar: un simple maullido, un resoplido sobresaltado en el hocico del gatito, una pata levantada amenazadoramente, pero sin sacar las uñas, bastan para frenar la agresividad lúdica del gatito. Un felino alimentado con biberón por un ser humano no aprende a frenar esta agresividad necesaria, lo que conduce a un fracaso en el aprendizaje de los rituales de interacción. El joven gato socializará mal.

Claude Béata ofrece numerosos ejemplos en su libro. Nos encanta cuidar de estos maravillosos tigres en miniatura, pero cuando esas fierecillas se desarrollan con dificultad, nos preocupan y recurrimos al buen hacer de un veterinario. Conocí a Claude Béata poco después de que terminara sus estudios de veterinaria, cuando se interesó por la psiquiatría animal. En su formación médica no se enseñaba este campo. Los veterinarios tenían que enfrentarse a problemas clínicos sin conocimientos para resolverlos. A principios de los años ochenta, solo podían consultarse dos libros: *Psychiatrie animale*[1] y *Mémoire de singe et paroles d'hommes*.[2] Tanto la ciencia como la sociedad empezaban a preguntarse si la naturaleza del hombre era realmente sobrenatural,[3] sin nada en común con los animales, y, por tanto, nada que aprender de ellos. Edgar Morin propuso integrar las disciplinas en lugar de enfrentarlas, lo que fragmentaba el saber.[4] Se intentó poner en práctica una actitud darwiniana ante el misterio de los seres vivos, pero muy poca gente la siguió. En la enseñanza general, se nos criticaba por «reducir al hombre al nivel del animal», y las universidades ofrecían la posibilidad de elegir entre explicaciones puramente biológicas o puramente psicoanalíticas. No obstante, resultaba fácil comprobar que Freud tenía un razonamiento evolutivo darwiniano, que vinculaba la biología al entorno,[5] y que Lacan fue uno de los primeros en recurrir a la etología animal para explicar la psique humana.[6] La *doxa* era tan poderosa que la cultura y la universidad no querían ni oír hablar de estos datos naturalistas y experimentales.

Así pues, Claude Béata tuvo que reunir a veterinarios deseosos de descubrir un mundo vivo, a la vez animal y humano, evolutivo e integrador. La Universidad de Toulouse le permitió organizar una carrera universitaria extraordinaria, con unos estudiantes, ahora en ejercicio de su profesión, que demuestran talento para la observación clínica y la investigación experimental. Varios de ellos aparecen citados en este libro.

Invito regularmente a Claude Béata a dar clases en la Universidad de Toulon. Estoy seguro del resultado: sé que su charla será amena, divertida y convincente, gracias a su inteligencia y al método que leerán en este libro.

Béata nos enseña a explorar un mundo gatuno diferente del humano. Las malas interpretaciones entre gatos y seres humanos son frecuentes, lo que explica las dificultades en su relación y, a veces, la espectacular agresividad de los gatos. Pero cuando se consigue entender qué ha ido mal, se pueden arreglar las cosas y las mejoras son frecuentes. No conocía la palabra «schézipathie» ('sufrimiento en las relaciones'). Un gatito aislado precozmente por falta de atención materna no puede adquirir las orientaciones primordiales que dan el pistoletazo de salida a la socialización felina. El grave deterioro que sufren estos gatitos aislados sensorialmente se corresponde en todo con el de los bebés humanos abandonados. Pero cuando se les ofrece, lo antes posible, un sustituto afectivo para evitar que la disfunción neuronal se convierta en un deterioro estable, asistimos a una recuperación del desarrollo que llamamos resiliencia.

La clínica médica descrita por Béata plantea un problema filosófico: ¿tenemos derecho a hablar de «locura animal» al detectar un trastorno? En los años sesenta, cuando empecé a interesarme por este fenómeno, las publicaciones hablaban de «neurosis animal».[7] Pero el término neurosis ha desaparecido de las clasificaciones internacionales. Y la palabra «locura» no significa nada. ¿Podemos decir que un gato es psicótico y está desconectado de la realidad? Creo que los gatos con un comportamiento perturbado han sufrido un accidente en su desarrollo. Cuando descubrimos el defecto, a menudo, podemos actuar sobre él, como una especie de fisioterapia relacional. La reeducación suele ser muy buena, lo que es una gran noticia.

En eso estábamos en los años ochenta cuando nos vimos envueltos en polémicas ideológicas, casi metafísicas: el hombre no tiene nada que ver con la naturaleza. La domina, eso es todo. Domina los animales, a las mujeres, a los niños y a otros hombres débiles. Así creó una aristocracia, trazó fronteras, impuso su religión y su lengua materna. El orden reinaba gracias al dominio, pero era el orden de los cementerios.

Fue entonces cuando llegó el virus; detuvo la carrera productiva, interrumpió los viajes, confinó a los individuos e hizo posible descubrir, como si fuera obvio, lo que no queríamos ver: el hombre no está separado de los animales, sino entre ellos. El virus es un producto de la civilización. Hay millones de virus en nosotros y a nuestro alrededor, y, a menudo, son beneficiosos, porque ayudan a sintetizar los neurotransmisores que nos estimulan y nos hacen sentir eufóricos. Pero cuando para producir más carne montamos enormes explotaciones ganaderas y creamos vegetales transgénicos, provocamos asociaciones entre el ADN de los cerdos y de las aves que generan mutaciones nuevas y crean virus tóxicos desconocidos para nuestros organismos. Después, las maravillas tecnológicas, los barcos y aviones, propagan estos virus mutados por todo el planeta y causan decenas de millones de muertes.

Esta trágica experiencia, que se remonta al Neolítico cuando empezamos a «domesticar» animales y plantas, demuestra que el hombre no flota por encima de la naturaleza: vive en su seno, entre plantas, cursos de agua y animales. El setenta por ciento de las enfermedades humanas son de origen zoonosis, enfermedades que proceden de los animales. La cuestión es clara: si maltratamos a los animales, si los hacemos enfermar, desapareceremos del planeta con ellos.

Por eso nos interesa entenderlos mejor, ayudarlos a desarrollarse y compartir buenos momentos con ellos. Eso es lo que he aprendido de Claude Béata y de los gatos de su libro.

Boris Cyrulnik

Introducción

Está ahí, acechando en el suelo. Negra.

Estoy frente a ella. Es impresionante.

Cualquiera que se haya visto frente a un felino dispuesto a atacar sabe de lo que hablo.

Tiene las orejas aplastadas contra la cabeza, casi ni se ven, lo que le da aspecto de samurái.

Me observa fijamente, y su intensa mirada promete una batalla sin cuartel. Su cuerpo está tenso, puedo sentir la fuerza de sus músculos preparándose para atacar y sé que tengo pocas posibilidades de escapar de sus colmillos afilados y de sus uñas lacerantes. Me muevo un poco para huir del malestar que me provoca esta amenaza de carne y hueso, pero, como un guerrero diestro en su arte, sus ojos no se apartan de mí y su movimiento, imperceptible, me arrincona.

Y, sin embargo, hace solo cinco minutos, estaba tan cerca de poder tocarla que incluso soñé con acariciarla. Casi sentía la suavidad del pelaje y la flexibilidad del cuerpo bajo mi mano. Pensé, por el ronroneo, que se había entregado y materializado la comunión, pero una mínima torpeza rompió el pacto y ahora hay que volver a empezar de cero. Mi estatus ha cambiado: soy el enemigo, alguien a quien desafiar; cada uno de mis gestos se interpretará como un ataque y desencadenará una respuesta.

Sé que está asustada. Y yo también.

Sin embargo…, ella pesa unos pocos kilos, yo muchos más, aunque eso no hace que el resultado del enfrentamiento sea más previsible.

Estamos cara a cara, un veterinario joven y una gatita que espera una operación rutinaria. Aprovechando un despiste, se ha escapado de la jaula y está dispuesta a defenderse. Su determinación me parece muy atractiva. Me agacho y le hablo con cuidado para que no huya ni me ataque. Le digo que me parece muy valiente y asombrosa. Que elegí esta profesión para cuidarla, para ayudarla a vivir mejor en nuestro mundo y velar por su bienestar. Sus orejas se levantan un poco, sus ojos parpadean y parece decirme que me queda un largo camino por recorrer, que aún tengo mucho que aprender para comunicarme mejor con su especie, y con ella en particular. Me disculpo, pero no es suficiente: cuando pierdes la confianza no la recuperas con tanta rapidez. Tardo un cuarto de hora largo en atraparla sin que sufra ningún daño, y en aprender mi primera lección.

Ayer hizo treinta y cinco años de aquel día que le prometí a la gata y a mí mismo progresar. No creo que mi camino haya terminado, pero hace poco tuve un sueño extraño: vestía como un alumno en la ceremonia de graduación, la toga y el birrete con borla en la cabeza, pero los miembros del tribunal eran todos gatos. Eran muchos y me resultaban familiares. Reconocí a los gatos de mi vida, Minou, Chiquita, Al mon pote, Opium, Moustache, Flora, y también a otros que había cuidado, Nougatine, Hannibal, Nougat. Me llamaron a la tarima y me entregaron el diploma: traductor de lenguaje felino. La presidenta del tribunal, que solo podía ser First, la primera gatita que conocí profesionalmente y tanto me impactó, hizo una breve declaración:

«Somos gatos, dignos de leyendas antiguas e iconos de las redes sociales. A veces, nuestras cualidades nos han proporcionado buena reputación, incluso se nos ha deificado, pero también las personas nos han martirizado, clavado en las puertas de graneros y avergonzado por faltas imaginarias. No creo que nadie nos comprenda».

First me pidió que escribiera este libro.

«¿Puedes ayudarnos? Nos lo debes. Explica que somos fáciles de entender y también complejos por nuestra variedad de comportamientos. Explica que, aunque seamos unos cachorritos muy lindos, merecemos algo más que la fama efímera de Internet. Atesoramos un repertorio casi infinito de comportamientos, y esta riqueza también nos hace frágiles. A ti, que nos has cuidado, te encomendamos la misión de desentrañar la locura que nos rodea y la que, a veces, sufrimos; de explicar cómo lo que somos puede desencadenar sufrimiento psicológico. Y que, aunque tenemos un cerebro bastante complejo que nos permite adaptarnos a casi todo, también es lo bastante frágil para, a veces, volvernos "locos"».

Hoy tenéis mi promesa en las manos: ¿estará este libro, imperfecto sin duda, todavía insuficiente, a la altura de mi compromiso? Así que, en la imaginación, acaricio a esa primera gatita y su ronroneo calma una incesante incertidumbre.

Capítulo 1

El Joker o la doble naturaleza del gato

«Dios creó al gato para darle al hombre
el placer de acariciar un tigre».
VÍCTOR HUGO

Cualquiera que haya visto a su gato al acecho o entregando una presa que ha cazado con paciencia y precisión; cualquiera que, como yo, se haya encontrado frente a una First decidida a luchar; o cualquiera que haya visto a una gata defendiendo su camada de un perro diez veces más grande, conoce lo bien que se adapta el felino al combate, casi perfectamente. ¿Por qué querría alguien vivir con un arma así? Quienes reconocen al cazador también ven la capacidad de apego, el sentimiento de elección y no de automatismo que hace la relación tan valiosa. Como nuestra convivencia con el gato es mucho más reciente que con el perro, podemos seguir con la sensación de que invitamos a nuestro hogar a una chispa de fauna salvaje.

Un Nougat muy desagradable...

Sí, a veces nos parece que el tigre está cerca...

Cuando intenté tratar a Nougat, un gato europeo cachorro, pensé varias veces que no podía olvidar que, delante de mí, en el cuerpo de un cachorro, ya estaban todas las posibilidades de un felino adulto.

Aquel día, cuando Angèle me llamó por su gatito de cuatro meses, añadió que ella estaba en silla de ruedas y le resultaba muy difícil desplazarse. Fijamos una cita en su casa, un ejercicio siempre arriesgado para evaluar el comportamiento de un gato.

En alguna ocasión, no conseguí ver al animal que había ido a tratar: cuando aún ejercía la medicina general, una clienta me convenció para que vacunara a su gato en casa y así evitarle el tormento del viaje y la pelea que suponía cada visita a la clínica: «Ya verá, en casa será encantador». Yo no me lo creí mucho, pero, sensible a la emoción extrema que invadía a esa paciente, accedí a intentarlo. En la puerta, puse el dedo en el timbre y, antes de que pudiera siquiera llamar, oí los bufidos del gato en el interior. Cuando la clienta me dejó pasar, muy apenada, me dijo: «No sé cómo, pero ha sabido que llegaba usted y se ha escondido encima del armario». Y allí, con la ventaja de la altura, y sin valorar la importancia de la protección de las vacunas, estaba dispuesto a defender su pellejo a costa de nuestras manos o de nuestras caras. Tuvimos que desistir y fijar otra cita en la clínica.

Le anuncio esta preocupación a la dueña de Nougat, pero me asegura que podré verlo sin problema. Cuando llego, Angèle está con Agnès, una vecina que la ayuda en las tareas domésticas: conoce bien a Nougat desde que llegó a la casa y resume su carácter en una palabra: «¡Es un demonio!».

En cuanto me siento a la mesa para anotar los datos, conocer el breve historial del gato y sus principales síntomas, me salta al regazo y, de allí, a la mesa. Luego, al televisor (uno bastante ancho…) y tira la macetita de una suculenta… «Es así todo el tiempo —suspira Angèle—. Nunca había visto un gato tan torpe».

Hoy en día, a pesar de que aún no hemos introducido esta característica en el diagnóstico del síndrome de hipersensibilidad-hiperactividad (HsHa), lo cierto es que la he convertido en un elemento importante de mi análisis sintomatológico.

Conocemos a los gatos por su extrema destreza que, a veces, les permite aterrizar en medio de una fila de figuritas en la repisa de una chimenea sin tirar nada. Por eso, ver que un gato se preocupa tan poco de calcular sus movimientos que provoca destrozos importantes es señal de falta de autocontrol. En los perros, esta capacidad automática e involuntaria de coordinar y controlar movimientos esenciales afecta a la locomoción y a la mordedura, y ahora conocemos la alta prevalencia del síndrome HsHa en la especie canina.[1] En los gatos, además de esos dos objetos de autocontrol que tienen los perros, hay que añadir el rascado.

Por eso, es raro que un gato sea simplemente torpe: cuando nos lo dicen, comprobamos dos puntos: el estilo de la torpeza y su grado de peligrosidad.

¿Qué significa la torpeza?

- ¿Es torpeza o comunicación? Muchos gatos que controlan sus movimientos a la perfección tiran el cuenco de la comida, cuando está vacío, a la hora de comer: en este caso, solo es un mensaje, el gato recuerda el horario y solicita con firmeza que no olvidemos satisfacer sus necesidades. No tiene ningún significado patológico.
- ¿Su torpeza lo ha puesto alguna vez en peligro? Igual que los perros hiperactivos son mucho más propensos a sufrir accidentes domésticos, los gatos HsHa también pagan un alto precio. Gatos «paracaidistas» que caen de los balcones con demasiada frecuencia para que sea una cuestión de azar, gatos que se tragan objetos no comestibles por voracidad y falta de precaución abundan en las consultas de medicina general o de cirugía y, hoy, la mayor parte de los veterinarios alertan a los dueños del carácter anormal de estos comportamientos y de la posibilidad de un tratamiento.

Nougat y yo aún no hemos llegado tan lejos... Me observa, entronizado en el televisor. Muevo un bolígrafo encima de la mesa y llega a la velocidad del rayo. Angèle me advierte:

«Cuidado al jugar, es un tigre...». ¡Ahí está de nuevo la fiera! Provoco a Nougat: escondo la mano debajo de la mesa, rasco el tablero por debajo y asomo los dedos un instante. Para un gato, esto reproduce el comportamiento, bastante clásico, de una presa que se esconde, pero sale de la madriguera en algún momento. Nougat es rápido como un rayo y se abalanza sobre la mano, enseñando las uñas y los dientes. Cualquier contacto con él provoca heridas leves, y eso no es normal. Cuando los gatitos juegan, si su desarrollo ha sido normal, son capaces de controlar la boca y las uñas: imitan la depredación, forma parte de su adiestramiento, pero es un juego y no hacen daño. En cambio, Nougat clava las uñas y los dientes. Agnès y Angèle confirman que ya no juegan con él para evitar heridas. Como nadie interactúa con él, Nougat se estimula solo. El alegre desorden que amuebla este piso lo convierte en el paraíso de los gatos: hay escondites y la posibilidad de explotar allí las tres dimensiones. El comportamiento de Nougat resulta, cuando menos, extraño: salta y se esconde en una caja de cartón abierta (hasta aquí todo bien, es el juego favorito de muchos gatos) y desde allí ataca unas cintas, aunque no se muevan. Las agarra con las patas, las destroza, sale corriendo, derrapando por el pasillo, y oímos que algo cae. Vuelve tan rápido como se ha ido y está de nuevo en mi regazo. Intento acariciarlo suave y lentamente, pero el contacto de mi mano desencadena una respuesta inmediata: Nougat la agarra con la dos patas delanteras, saca las uñas y muerde sin piedad. Sin embargo, no hay nada en su actitud que indique agresividad. La secuencia es, sin duda, lúdica, pero de nuevo la caracteriza una falta de control casi total. Para comprobarlo, me comporto como una gata que cría a un gatito y le doy unos golpecitos suaves en el hocico con la punta de los dedos. Cualquiera que haya visto a las gatas criar a sus cachorros sabrá que inculcan el control de las uñas y dientes con paciencia, firmeza y constancia. Esto puede adoptar varias formas.

Cuando rodamos un episodio de *Le Monde de Jamy*[2] sobre el desarrollo de las crías de perros y gatos, seguimos a una gata *nebelung*, Letti, y a su camada. Una cámara las filmó continuamente durante unos días y pudimos ver que la gata pasaba mucho tiempo controlando a los cachorros. Como lo hacía continuamente, con mucha dulzura, pero con firmeza (cuando un gatito se pasaba de la raya y se mostraba desconsiderado, Letti lo atrapaba con las patas, lo inmovilizaba unos segundos, y luego lo volvía a soltar), nunca la vimos imponer duros castigos. Cuando los gatitos reciben este mensaje, enseguida saben que deben estar quietos y esperar las palmaditas amistosas de la madre o a que la presión pare. Pero Nougat no reacciona así en absoluto: cuando alargo la mano para darle un golpecito con el dedo, enseguida saca la pata con fuerza y, al cabo de unos segundos, me hace sangrar. Insisto de nuevo: las consecuencias se parecen a las de una agresión, pero la secuencia se vincula más con un juego o con reacciones descontroladas a un castigo muy moderado.

¿Se autocontrola de algún modo?

Volvemos a Nougat. Agnès exclama: «Ya ve, es imposible. Nos salta encima, nos muerde e, incluso, cuando intentamos jugar, acabamos sangrando muy rápidamente. Angèle, en su silla de ruedas y con sus tratamientos, no puede».

La amiga de Angèle se queja de los «ataques incesantes» del gatito. Le propongo un ejercicio para apreciar la capacidad de evolución de Nougat. Que empiece a jugar con el gato y, en cuanto se ponga brusco, pare la interacción, coloque las manos en la cabeza y «se convierta en un árbol», es decir, que no se mueva en absoluto ni siquiera mire a su atacante. Agnès acepta con mucho gusto, y Nougat empieza a trepar por ella y a morderle las manos… A mi señal, Agnès se convierte en árbol, no mueve ni una pestaña. El cachorro se sorprende un poquito, pero los gatos tienen más recursos que los perros frente a la inmovilidad, y Nougat, como sea, encuentra la solución. Se acerca a los tobillos de Agnès y le pellizca con bastante fuerza la piel con los dientes. Ella reacciona y se mueve, lo que desencadena nuevas respuestas del gato. No hemos ganado la partida…, y aún solo es un tigre de dos kilos.

Al continuar recopilando síntomas, comprobamos que Nougat cumple todos los criterios de un síndrome de hipersensibilidad-hiperactividad en estadio dos. Es voraz, hasta el punto de la bulimia y, por supuesto, un ladrón. Duerme muy poco y parece estar siempre en movimiento o al acecho. Hoy sabemos cómo cuidar a estos gatos, y el doble tratamiento —conductual y médico— da muy buenos resultados, lo que les permite quedarse en los hogares e integrarse en la vida familiar. En aquella época, cuando los televisores aún eran lo bastante anchos para que los gatitos los utilizaran de pista de aterrizaje o despegue, dudé si administrar de inmediato un psicotrópico adecuado a un gatito de cuatro meses. La raíz de este trastorno del desarrollo está en un fallo en la regulación de algunos neurotransmisores, en especial, la serotonina, y una de las moléculas posibles es la fluoxetina (Prozac®). Por desgracia, el medicamento tiene muy mala fama, todo el mundo ha tomado o conoce a alguien que ha tomado este antidepresivo con resultados muy poco satisfactorios. Nosotros lo utilizamos como fármaco de control, y ha salvado la vida de miles de perros y gatos al permitirles —siempre con la ayuda de la terapia conductual— recuperar el autocontrol. En aquella época, la teoría decía que había que esperar al final del desarrollo para utilizar una sustancia de este tipo, es decir, hasta los seis u ocho meses. Por tanto, Nougat recibió otro tratamiento que no lo controló suficiente, y Angèle y Agnès no pudieron soportar más los mordiscos y arañazos que podrían tener consecuencias médicas desastrosas. Solo unas semanas más tarde, supe que habían entregado a Nougat a un amigo con una casa en el campo: comprendí las razones de esta elección y no la juzgué. Pero no creas que una vida al aire libre será maravillosa para un gatito hiperactivo: la esperanza de supervivencia no es muy alta cuando no hay autocontrol.

La historia de Nougat ocurrió hace más de diez años, pero siempre la recuerdo como una advertencia y, después de comentarla con amigos psiquiatras, con los que colaboramos desde hace años, decidimos que el límite que habíamos fijado era inútil. Hoy, si los síntomas lo requieren, ya no dudo en dar fluoxetina a partir de los tres o cuatro meses para salvar la vida a un gatito.

Esa falta de control no era culpa de Nougat: ahora sabemos que en el origen de la enfermedad se mezclan la vulnerabilidad genética y las condiciones de desarrollo, y que la presencia de una madre equilibrada es un factor crucial para poner en marcha el proceso del autocontrol.

No olvidemos que, muy cerca, bajo la superficie de nuestro gato doméstico, sigue presente la potencia salvaje, es importante saberlo y comprender sus orígenes y consecuencias. Los gatos no son perritos: su repertorio de comportamiento es diferente, y la historia de Nougat nos recuerda hasta qué punto cualquier desequilibrio puede hacer resurgir al depredador que lleva dentro.

Felix 007 tras las huellas de la Edad de Piedra

Recordemos un momento…

Veinte mil años después de que los primeros perros se hubieran acercado a los humanos y empezaran a convivir con ellos, otro carnívoro decidió compartir su vida cotidiana con nuestra especie.

Mientras que entre el perro y el humano, principalmente, había una estructura social muy cercana y un interés común, al recién llegado se lo fichó con un contrato preciso para matar en nuestro beneficio.

Le dijimos: «puedes vivir con nosotros, disfrutar, a veces, de las sobras, de la leche de nuestras vacas y del calor de nuestro fuego con la condición de que te deshagas de los ratones y demás roedores que se dan un festín con nuestros cultivos». El gato solo vino a vivir con nosotros, a nuestro alrededor, cuando nos hicimos sedentarios y agricultores. Su presencia es producto del cambio radical del estilo de vida de los humanos, que aprendieron a convivir con un felino a pesar de la desconfianza mutua.

¿Alguna vez se han puesto en la piel de nuestros remotos antepasados de Asia o África, por supuesto, pero también de aquí, en Europa, en la época de las cuevas de Altamira o de Lascaux? Tigres dientes de sable —se cree que desaparecieron mucho más tarde (hace diez mil años) de lo que estimábamos en un principio (hace quinientos mil años)—. Leones de las cavernas que poblaban esas famosas grutas... Los felinos evocan de inmediato peligro, astucia y riesgo de muerte. Actúan solos, a menudo en la oscuridad, son fuertes y, con los colmillos y las garras juntos, dejan pocas posibilidades a la víctima. En la imaginación colectiva continúa sin duda, este miedo atávico, y cuando Minou* se cree un tigre o un león, despierta en nosotros el temor de la presa.

Los primeros felinos aparecieron hace doce o trece millones de años, y los treinta y siete miembros de la familia *Felidae* han conservado características muy similares. Incluso los mejores especialistas pueden equivocarse al intentar diferenciar el cráneo de un león del de un tigre... Se reconocen tres géneros. Los *Panthera*, que incluye a todos los que rugen. Como sabemos, los guepardos son los únicos sin garras retráctiles, y ellos solos componen el género *Acinonyx*. Todos los demás gatos «pequeños» pertenecen al género *Felis*.

Los gatos no se parecen en nada a los otros felinos. En la actualidad son la mascota más codiciada, pero, salvo cuando se habla de gatos de cría, que constituyen una población muy

* En francés, Minou es un nombre estereotípico de gato. *(N. de la T.)*

pequeña, el término domesticación no es correcto. En sentido propio, se dice que una especie está domesticada cuando depende del ser humano para reproducirse, criarse y recibir cuidados. Esta domesticación cambia la morfología de la especie y la aleja de sus orígenes salvajes. Incluso hoy, a pesar de los constantes esfuerzos de muchos dueños y protectoras, la reproducción de los gatos sigue escapando al control humano. Ya he tenido la oportunidad de escribir lo que pienso sobre esto,[3] pero, para quienes no lo hayan leído, creo que es importante repetirlo: vamos por mal camino imponiendo la esterilización masiva y absoluta a todos los gatos domésticos. Si se confirman las leyes en proceso, los únicos gatitos que podrán adoptarse serán los de cría o refugio.

Hipertipos… la locura humana

Ahora, veo, igual que mis colegas, el daño que provoca el proceso de selección absurdo, que ha desembocado en los hipertipos. Aunque la concienciación actual tiende a mejorar la situación, no me entusiasma la idea de confiar el futuro de la especie a los criadores. El lector quizá no lo sepa, pero en un momento dado, en las exposiciones de gatos persas, por ejemplo, se premiaban las caras cóncavas, es decir, gatos con la nariz detrás de la vertical de los ojos. Esto dificulta la respiración y, así, la calidad de vida no puede ser satisfactoria. Los veterinarios somos guardianes del bienestar, pero, a menudo, no tenemos ni voz ni voto en los clubes de raza, y, con mucha frecuencia, nuestras advertencias nos marginan en lugar de escucharse con atención.

Compartí mi vida durante unos años con una gata esfinge, Galinette. La queríamos mucho, era un ser único, traviesa, cariñosa, y la lloramos mucho también. Pero para mí no era una gata: aunque tenía acceso al mundo exterior, salir era un calvario para ella. Sus bonitos ojos azules no soportaban el sol, por no hablar de su piel…, el contacto con las plantas le producía picores y podían aparecerle pústulas. Ella misma limitaba sus salidas.

Estoy siendo demasiado duro al decir que no era una gata. Por ejemplo, era una gran depredadora, pero no como los otros gatos: he divertido a generaciones de veterinarios enseñándoles a Galinette jugando a simuladores de caza en el iPad: era capaz de concentrarse durante más de un cuarto de hora… Creo que un día superó los dos mil puntos en *Game for Cats*.

Si me sublevo —y hoy los veterinarios de todo el mundo se movilizan en ese sentido—[4] contra la selección excesiva, es porque genera sufrimiento. Galinette sufrió desde muy pequeña. La adoptamos porque padecía calicivirus, una enfermedad ajena a su raza, y su criador creía imposible venderla. No vivió mucho (cuatro años) y murió del equivalente a la enfermedad de Charcot, una degeneración de la placa neuromuscular, que le diagnosticó un laboratorio de San Diego, California, y que podría ser (sin seguridad) consecuencia de la selección. Su malestar diario estaba directamente relacionado con su peculiaridad: al no tener pelo, su piel era muy frágil, como ya he dicho, y la seborrea grasa que suele aparecer ante la falta de pelo la convertía en la única gata de la familia que manchaba todas las telas sobre las que se tumbaba. Y, en sus espacios favoritos, las manchas eran imposibles de limpiar. A pesar de eso, y, a veces, por su fragilidad, el vínculo era muy fuerte.

Creo poder decir que fue feliz: la conocimos alegre, juguetona hasta el extremo y tan mimosa como hubiéramos podido desear. Aunque Galinette era una felina extraordinaria, su raza es una afrenta a la dignidad de los gatos. Hoy en día, varios países han empezado a legislar para prohibir ciertas razas de gatos (y de perros, por supuesto), cuando la selección de un hipertipo conlleva un trastorno del bienestar. Siempre pienso que es una pena tener que recurrir a la ley: significa que la razón no ha logrado imponerse. Además, hay riesgo de que aparezca un mercado paralelo, con la venta de animales aún menos respetuosa.

En Bélgica, en febrero de 2021, el Consejo Valón para el Bienestar Animal pidió la prohibición urgente de cuatro razas: *fold* escocés, con las orejas plegadas y muy popular; *manx*, *munchkin* y *twisty* (o canguro), un gato con extremidades atrofiadas o retorcidas. El Consejo también solicitó la creación de una comisión especial para otras cuatro razas: persa, exótico, esfinge y *devon rex*. Si ese organismo hubiera existido antes en Francia, un gato de ojos azules y piel clara no se habría cruzado en nuestras vidas: con gusto perderíamos esos pocos años de relación cariñosa para evitarle tanto sufrimiento.

Todo esto para decirles que no sería razonable confiar el futuro de la especie felina únicamente a los criadores. Sin embargo, la gran mayoría de ellos viven «locos» de pasión por sus gatos y yo no tengo ninguna duda de que podemos trabajar juntos para mejorar el bienestar de todos los gatos de raza, limitando considerablemente los excesos ligados a los hipertipos.

Una espera muy larga

En cuanto a los gatos de refugio, por supuesto que deben ser adoptados, pero no es ningún sacrilegio decir que el riesgo de problemas de comportamiento es mayor en su caso.

En primer lugar, porque a algunos los abandonaron por problemas de falta de limpieza o agresividad (estas dos quejas juntas suponen el ochenta por ciento de los motivos de consulta médica del comportamiento felino). Tratar estos problemas no es una práctica habitual en los refugios: en esas condiciones tan diferentes, lo normal es que no se manifiesten o solo un poco, y el personal veterinario o voluntario no está formado ni para el diagnóstico ni para el tratamiento, biológico o conductual. Cuando los gatos llegan a los refugios sin trastornos, vivir en una comunidad demasiado grande puede acabar por originarlos. El control del territorio y el acondicionamiento de los diferentes entornos es un requisito esencial para el equilibrio del gato, y da igual cuánto se esfuercen los voluntarios y los responsables de la asociación, lograrlo suele ser misión imposible.

Señales objetivas de depresión

Si alguna vez van a un refugio, verán colonias de gatos compartiendo espacio. Las personas que cuidan de ellos dicen que no ven muchas peleas, y cuando he tenido la oportunidad de pasar ratos allí, esta sensación se ha confirmado.

Por el contrario, las señales de depresión son, en ocasiones, evidentes: cuando visitas estos lugares, los animales casi siempre están tranquilos. Si tienes ojo experto, verás algunos gatos con el pelaje enmarañado y picoteado, señal de que han reducido mucho el tiempo para acicalarse. Hablamos de una manifestación de lo que en psicología experimental se llama *learned helplessness,* ('resignación adquirida o indefensión aprendida'). A mediados de los años sesenta, Martin Seligman y Steven Maier[5] describieron esta noción en perros a partir de experimentos que no repetiríamos. Siempre es peligroso juzgar el pasado con los conocimientos y valores actuales. En cualquier caso, su teoría establecía que, para hablar de auténtica resignación adquirida, hacían falta tres elementos: ausencia de contingencia (los intentos de actuar no tienen ningún efecto sobre la situación), de capacidad de cognición y de respuesta conductual. Su experimento, realizado en perros y reproducido en otros animales, podría haber servido para demostrar la existencia de pensamiento autónomo (cognición) y la posibilidad de depresión, pero, sin duda, la época no lo permitía. Cuando un individuo se encuentra en una situación en la que sus acciones no afectan al entorno (ausencia de contingencia), y pueden imaginárselo (cognición), entonces, quizá exprese comportamientos sin relación con el entorno o sin sentido. Dejar de acicalarse es uno de esos comportamientos, lo mismo que la inhibición conductual. Desde el momento en que observamos esto en el contexto de la posibilidad de una psicopatología, vemos claros síntomas de depresión, y el trabajo de Seligman y Maier se ha utilizado ampliamente en psiquiatría humana, en el contexto de la depresión.

El hecho es que adoptar un gato de un refugio, dependiendo de su personalidad y del tiempo que haya pasado allí, significa arriesgarse a invitar a la depresión a tu hogar. Si yo fuera una de esas personas que creen que lo único que hay que hacer para restablecer el equilibrio es cambiar el entorno, diría: «¡Adelante! No hay problema». Pero yo pienso que la psique de los gatos es mucho más compleja que eso, así que digo: «¡Adelante! Salva a uno de esos gatos, pero ten en cuenta que su psique puede haber sufrido un trauma importante».

Está claro que algunos gatos tienen una capacidad de resistencia natural que les permitirá recuperar el equilibrio, pero ¿cuántos serán incapaces de volver a confiar y no se recuperarán nunca de su inhibición patológica?

Sensible e inhibido

Esta es la segunda vertiente de la naturaleza de los gatos: como hemos visto son depredadores por su estructura y su historia, pero también son presas, lo que los predispone a dos tipos de procesos patológicos: la sensibilización y la inhibición. Volveremos sobre estas cuestiones a lo largo del libro, porque son la clave para entender muchos de los trastornos de nuestros gatos.

La inhibición del comportamiento es una de las tres formas de reaccionar ante un estímulo aterrador o aversivo. Es lo que se conoce en inglés como la regla de las tres efes: *flight, fight or freeze* ('huida, lucha o estupor'). Estas tres respuestas conductuales no son anormales en sí mismas, y, en muchos casos, incluso garantizan la supervivencia. Sin embargo, a veces se convierten en síntomas de un trastorno del comportamiento. La distinción entre lo normal y lo patológico suele ser complicada, quizá aún más en nuestra disciplina. Hemos identificado tres factores que, combinados, apuntan con claridad hacia lo patológico: la falta de adaptabilidad, la falta de reversibilidad espontánea y el sufrimiento.

Por ejemplo, la definición propia de un estado depresivo es: estado de inhibición no reversible de forma natural que impide al individuo adaptarse de forma óptima a su entorno y le causa sufrimiento diario.

Esta es la suerte de muchos gatos confinados y no es una razón para no adoptarlos, tal vez incluso podría ser una motivación adicional, siempre que se haga con conocimiento de causa.

Houdini, el gato que nunca se rinde

Y luego están los milagros... Algunos gatos destacan entre la multitud, y no puedo pensar en gatos de refugio sin recordar a Houdini. Hace unos años, visité un refugio en la región de París, tan bonito como puede ser un lugar así, con un personal extraordinariamente dedicado. En la zona de los perros, cada jaula tenía una ficha con la historia y las características de comportamiento de los animales. Después, visité el edificio de los gatos; al principio, me sorprendió saber que había todo un sector de gatos con enfermedades víricas graves y contagiosas. Pregunté qué significaba eso, y uno de los encargados me respondió: «Pues no son los más difíciles de colocar. Tenemos una «clientela» para ellos. Algunas personas vienen y dicen: «Dame el gato que nadie quiere, estoy en un piso, no tengo ningún otro gato, así que puede estar enfermo, ser contagioso, lo que quieras. Intentaré que lo curen, si es posible, y le daré las mejores condiciones de vida posibles». Y así, lo que podría haber sido un hándicap insalvable se convierte en una baza de inversión. Nada más recuperarme de la sorpresa, un voluntario me dijo: «¡Ten cuidado, detrás de esa puerta está Houdini! Si te acercas despacio y miras por la ventana de la puerta, quizá lo veas preparándose para escapar». A paso de tortuga, teléfono en mano para grabar el momento, me acerqué y pude captar la imagen de este gato pensando en su posible huida.

Cuando algunos, la mayoría, se rinden, otros no lo hacen nunca. Houdini se había escapado de sus cuidadores incalculables veces: era la pesadilla de los principiantes y casi una novatada amistosa de los veteranos. Cuando el gato oía que alguien se acercaba, acechaba en un punto ciego, y, en cuanto la puerta se entreabría, ya estaba fuera. Era tan listo que nunca arrancaba del mismo sitio. Llegué a imaginarlo de pie, con la espalda pegada a la pared, delgado como papel de fumar, listo para colarse por el menor resquicio…

Por supuesto, no estaba deprimido, pero es difícil pedir a todos los gatos que tengan el mismo estado de ánimo que Papillon o el rey de la nevera, el capitán Virgil Hilts, tan bien interpretado por Steve McQueen en *La gran evasión*. Houdini nunca se rindió: es una prueba de que no siempre sucede lo peor, pero de que se necesitan capacidades excepcionales de resistencia y resiliencia, además de una esperanza inquebrantable, para soportar el infierno sin rendirse. No he vuelto a saber nada de él, pero aún me lo imagino haciendo todo lo posible por encontrar una salida…

¿Doméstico? Jamás…

Así que no, no quiero que solo podamos encontrar gatos en criaderos o refugios. Prohibir a los particulares responsables que permitan reproducirse a sus gatos domésticos, civilizados, acostumbrados a los perros, gatos, conejos y niños, sería una gran violación de las libertades y un disparate científico.

Mientras haya gatitos

En Francia, por ejemplo, todavía es posible tener una camada de gatos en casa. Basta con inscribirse en el registro de criadores, lo que implica respetar las normas de bienestar animal, y eso es un punto a favor. Y, después de que la michina tenga la camada y unas familias cariñosas y dispuestas adopten a los cachorros, sería prudente esterilizarla. La evolución legislativa podría hacernos temer lo peor, como la prohibición absoluta de la reproducción, dejando como única posibilidad para los particulares adoptar animales esterilizados. Esto ya ocurre con muchos gatos de criadero, que se «entregan» esterilizados, en general para reducir el riesgo de competencia.

Los gatos viven con nosotros, pero no están domesticados del todo…

Esto es, sin duda, parte de su éxito: como señalaba Víctor Hugo en el aforismo que encabeza este capítulo, invitar a un gato a casa significa aceptar lo salvaje. Es acoger al otro, con sus similitudes y singularidades. Así nos lo recuerda Baptiste Morizot:[6] «Al abrir los ojos, vemos un alien y un pariente a la vez». Lo mismo ocurre con nuestros felinos domésticos. En ocasiones son previsibles, simpáticos y conmovedores, pero, de repente, su lógica se nos escapa…

Ante este desconcertante comportamiento, que puede parecerse a una caja fuerte inviolable de cinco cerraduras, les daré cinco claves, a lo largo de los cinco capítulos, y espero que les permitan comprender mejor a los gatos en general, pero, sobre todo, al gato o gatos con los que conviven a diario.

La primera clave, tal vez la más importante, de la que descubriremos muchas consecuencias, es comprender la doble naturaleza del gato como presa y depredador.

Los gatos equilibran como ninguna otra especie estas dos facetas.

De hecho, es raro que una especie consiga hasta este extremo la paradoja de destacar en dos aspectos opuestos de su comportamiento: ser un cazador eficaz y temido, teniendo, al mismo tiempo, la posibilidad de desarrollar, en un abrir y cerrar de ojos, estrategias de repliegue y protección ante un presunto depredador o, al menos, un peligro.

En mi jardín grabé la escena que describiré a continuación; aquellos segundos me enseñaron mucho. Mis maestros fueron nuestra joven gata Chiquita (sin duda una de mis mejores profesoras) y una coneja *belier* enana que se divertía mucho en la hierba de nuestra parcelita. Chiquita, que entonces apenas tenía cuatro meses, vio a Avoine en el jardín... Se tiró al suelo, como una leona de la sabana al acecho, moviéndose a favor del viento para acercarse al antílope. La coneja, que ya tenía varios gatos a sus espaldas y que, aunque en un principio pensamos que era enana, pesaba tres o cuatro veces más que la pequeña gata, la vio venir por el rabillo del ojo. Justo cuando Chiquita empezaba a coger postura para abalanzarse, Avoine se lanzó de repente sobre ella y, en el tiempo de un chasquido de dedos, la situación se invirtió y la gata tuvo que huir ante tan inesperada amenaza. A lo largo de su vida, Chiquita ha sido un modelo de mesura, y esta no fue una experiencia terrible para ella, sino una demostración de ese vaivén, siempre posible, entre esos dos polos de su vida: el de un experto cazador, pero de un tamaño que lo convierte en presa. En este sentido, los gatos son como agentes secretos: su licencia para matar implica que también pueden acabar muertos...

Lo que no es más que una escena banal de la vida cotidiana oculta algunas verdades fundamentales sobre la naturaleza profunda de los gatos. Estos felinos tienen todo el repertorio conductual de un depredador, pero también todos los requisitos de adaptación de una presa. Esto los hace complejos e interesantes, y también refuerza su singularidad. Es un poco como un cupón de lotería. Imaginemos que un depredador tiene unos veinte o veinticinco comportamientos primordiales y que un animal de presa tiene otros tantos diferentes. Imaginemos también que, de la decena de personalidades principales, cada animal extrae de la combinación de genes una al azar (que dicen poco sobre la especie, pero mucho sobre el linaje y el individuo). Esta combinación de la personalidad con los cinco comportamientos principales, que componen lo que podríamos llamar el fenotipo conductual dominante de cada animal —es decir, la expresión del individuo—, representa, por tanto, la combinación de cinco de los cuarenta y nueve (o cincuenta) comportamientos de presa y depredador, y el bonus de la personalidad: hay más de veinte millones de combinaciones. Cada gato es por lo tanto único, cualquiera que haya convivido con varios gatos lo sabe. Chiquita, que me enseñó mucho sobre la empatía y la doble naturaleza de presa y depredador, tuvo tres gatitos: Ron, el pelirrojo, Harry, el atigrado y Hermione, la carey. No podían ser más distintos: por el pelaje, pero también, y sobre todo, por el comportamiento. Hermione, hija de una gata equilibrada y hermana de dos gatos bastante serenos, incluso valientes, siempre fue miedosa. Vivió en nuestra familia y con su madre en un ambiente nada hostil. Y, sin embargo, nosotros continuamente teníamos la sensación de que la amenazaba un gran peligro. Por supuesto, Chiquita era una madre muy protectora y, quizá, un poco invasiva. A veces percibimos que, sin la separación, cuando los gatitos siguen en contacto con su madre, les cuesta más completar el desarrollo y nos encontramos con animales menos maduros e independientes. En cualquier caso, esos tres gatitos y su madre (no tuvimos el honor de conocer al padre) eran una demostración de la amplísima gama de comportamientos felinos y de la relativa independencia de la personalidad de cada individuo con respecto a la genética familiar.

Cada gato es único y diferente, pero todos se definen por la tensión entre estos dos polos. Aunque muchos trastornos se derivan de una exageración de los procesos inherentes a la condición de presa, la vertiente depredadora también puede causar daños…

Ya hemos visto a Nougat y las consecuencias de sus juegos descontrolados: lo que para él no era más que un juego se convirtió en algo desagradable, hiriente e incluso peligroso para su dueña. El juego es siempre un aprendizaje de la vida adulta o un ensayo de las escenas primordiales: cuando el gato juega a ser depredador, imita las secuencias de la caza, pero —y este es el principio mismo del juego— sin olvidar nunca que es «de mentirijilla», de manera que no debe utilizar toda la fuerza de sus uñas o colmillos.

Esta naturaleza depredadora también se expresa de forma anormal en otros dos casos:

- En un entorno carente de los estímulos mínimos.
- Si existen trastornos en el estado de ánimo.

Esto nos demuestra que un mismo síntoma, la depredación, puede ser consecuencia de factores muy diferentes (un trastorno del desarrollo como la hiperactividad, unas condiciones ambientales desfavorables o un trastorno del estado de ánimo), y que es fundamental no tratar el síntoma, sino al individuo en su conjunto.

El desierto de los tártaros

El caso más sencillo y frecuente procede de un entorno que carece del mínimo básico de estimulación. Para un gato, la actividad depredadora, ya sea en pos de una presa real o un señuelo, es un factor importante para su bienestar y calidad de vida. Cuanto mayor sea la diferencia entre el entorno inicial de desarrollo y el entorno vital, más acusados serán los síntomas.

Lucifer es un precioso gatito negro que le regalaron a Huguette sus nietos, que conocían su dolor por la pérdida de Minou. Como además querían hacer una buena obra, fueron al refugio a por Lucifer. Procedía de una camada recuperada tras quince días de aguantar en el patio de una escuela primaria.

Lucifer llega a casa de Huguette. La abuela había perdido a Minou hacía unos meses y estaba muy triste, pero no quería otro compañero felino: llevaba una vida encerrada, carente de estímulos, y no quería imponérsela a un gatito. Huguette hace todos los días trabajos manuales sentada en una mesa. Cose, borda, se entretiene tricotando, también escribe y sigue llevando sus cuentas. Escribe mucho, y esto desencadenará en su gato actitudes que un día la llevarán a buscar ayuda. Lucifer se sube a la mesa, se agacha y salta de repente sobre las manos de Huguette, cuando maneja las agujas o el bolígrafo. Al principio, se lo toma con humor. Lo considera un juego, y eso es, pero muy pronto, los ataques le provocarán heridas y no podrá aceptar la situación. Desde el momento en que lo castigue y le dé unos cuantos golpecitos, habrá una escalada entre Huguette y Lucifer donde las agresiones se volverán cada vez más invasivas.

Lucifer, en efecto, vive en un entorno que no le proporciona el mínimo necesario para su equilibrio de gato depredador. La depredación es indispensable, así que la ejercerá a costa de los tobillos y las manos de Huguette. Todos los dueños de gatos con este tipo de comportamiento dicen lo mismo. Saben exactamente dónde va a acechar el gato y lo encontrarán listo para abalanzarse sobre ellos, para atacarlos: ¡al principio será una sorpresa! Y luego, cada vez les extrañará menos encontrar al gato, por ejemplo, detrás de la pata de la cómoda del pasillo. Cuando pasan a su lado, el tigre con el que viven se abalanzará sobre sus tobillos, los agarrará entre sus patas delanteras, los morderá y, a veces, atizará con las patas traseras. Lo mismo le ocurre a Huguette: cuando cose, borda o escribe, Lucifer le salta encima, la muerde, y, en ocasiones, le hace mucho daño. De hecho, como en este entorno, el gato no tiene ninguna posibilidad de desarrollarse como cazador, redirige este impulso hacia el único objetivo posible, Huguette. Algunos investigadores han grabado el modo de andar de hombres y mujeres, y han demostrado cuánto puede parecerse a los saltitos de un pájaro, y más aún con tacones. De acuerdo, parece un poco cogido por los pelos —¡o por el bigote de un gato!—. De todos modos, es comprensible que cualquier movimiento, en un entorno sin estímulos, tenga un gran poder para desencadenar conductas predatorias en un gato. Estos ataques son, pues, una consecuencia directa de la pobreza de su territorio. Antes se llamaba a esta problemática «ansiedad del gato en entorno cerrado», y quería subrayar que, a menudo, el origen del problema está en el paso de un entorno abierto, donde el gato podía atrapar presas y estar al acecho, a un entorno cerrado, donde no tiene posibilidades de cazar.

¿Interior o exterior? Idea preconcebida, cuidado, peligro

Debemos detenernos en este punto para explicar bien las cosas. De ningún modo decimos que un gato no pueda ser equilibrado si vive en una casa. Todo lo que hay que hacer para que un gato de interior este en equilibrio es proporcionarle señuelos de presa y organizar actividades pseudodepredadoras. Y aún es más importante asegurarse de que el gato de interior se desarrolle en condiciones similares al mundo exterior: la adaptación será mucho más fácil. Es obvio que un gato acostumbrado a cazar en un entorno abierto, con presas naturales, va a tener más dificultades para adaptarse a un entorno cerrado.

Una estudiante de nuestra diplomatura de Psiquiatría llevó a cabo, en su trabajo de fin de carrera, una investigación muy interesante.[7] Quisimos verificar algo que parecía de sentido común y, además, afirmaban muchos docentes y veterinarios: el acceso al exterior, la oportunidad de llevar una vida más libre, reduce la frecuencia de problemas conductuales en los gatos.

En aquella época ya parecía dudoso, pero, a falta de datos, era difícil discutirlo.

La investigación fue bastante amplia: se basó en más de trescientos cincuenta gatos pacientes de nueve instituciones veterinarias, y demostró que, de hecho, tenían tantos problemas de conducta los gatos con acceso al exterior, como los que no lo tenían.

Las dos quejas clásicas en medicina del comportamiento felino se refieren la falta de limpieza y a la agresividad. La prevalencia de estas quejas no era estadísticamente diferente entre los gatos que viven al aire libre, los que tienen acceso ocasional al exterior y los que no salen de casa. Había algunas diferencias en ciertos comportamientos, como beber agua corriente. Resulta bastante normal que felinos domésticos se pongan delante de un grifo y esperan a que su humano les dé acceso al agua que corre. Hoy, las fuentes de agua satisfacen esta necesidad. Hace casi quince años, la demanda de agua corriente era más común en los gatos que no salían de casa que en los que tenían acceso al exterior, porque eso les permitía satisfacer su necesidad de agua limpia.

Respecto a los dos puntos principales, la agresión por irritación y la falta de limpieza por evacuación indeseable o marcaje urinario, la situación era completamente comparable. Si había alguna diferencia, iba en el sentido de que los dueños de gatos que decidían dejarlos salir se exasperaban más: vivían mucho peor que los dueños de gatos «encerrados», porque, por ejemplo, tenían que recoger orina o heces que el gato podría haber evacuado fuera.

Un diablillo bueno

¡Volvamos con Lucifer!

Todos los días, más a menudo a última hora de la tarde o al anochecer (Huguette se fijó bien), Lucifer repite las secuencias de depredación con las manos de Huguette, y, como ella toma anticoagulantes, le empiezan a plantear un problema de salud evidente. Huguette nos dice: «Me parece un gatito muy mono. Sé que quiere jugar, pero no entiendo por qué me hace daño». De hecho, hoy llamamos «apatoabulia» a lo que antes se denominaba «ansiedad del gato en entorno cerrado». Esto significa que el biotopo —el entorno vital— del gato (un apartado importante en los trastornos de comportamiento felino que veremos en el próximo capítulo) no puede proporcionarle ni siquiera los mínimos incentivos. El gato, privado de los estímulos necesarios para su equilibrio, los inventará. Por lo tanto, acechará estímulos mínimos que no deberían desencadenar nada, como el movimiento de un bolígrafo o de una aguja, o incluso los pasos amortiguados con zapatillas de estar por casa. Por supuesto, los seres humanos en contacto con estos gatos no se lo permiten y, a menudo, tendrán la tentación, el reflejo, de castigarlos. El gato desarrollará entonces una conducta cada vez más agresiva. A partir del momento en que se lo castigue, la relación se deteriorará, las agresiones serán cada vez más violentas y, sobre todo, el vínculo se diluirá: la relación armoniosa desaparecerá. Cuando nos encontramos en una situación, como la de Lucifer y Huguette, es el momento de que intervenga el veterinario: si esto viene acompañado, como acabamos de explicar, de unas condiciones de vida adversas, pronto se instaurará un estado patológico. Diagnosticaremos un estado ansioso, productivo en la mayoría de los casos, es decir, acompañado de manifestaciones de comportamiento indeseables, como la suciedad o la agresividad; o un estado de ansiedad inhibido, o, incluso, un estado depresivo, algo parecido a lo que vimos en los gatos de refugio, en un entorno que no proporciona suficientes estímulos.

Tratar los estados de ansiedad

Un empleado sometido a un trabajo monótono o al acoso diario desarrollará un estado patológico de ansiedad o depresión que no se curará simplemente con la desaparición las condiciones perjudiciales: necesitará tratamiento. Del mismo modo, los gatos que viven esas situaciones requieren, por supuesto, una restauración ecológica, es decir, el desarrollo de un biotopo que satisfaga los requisitos de su especie, pero también necesitan tratamiento médico, a menudo, para restablecer su homeostasis sensorial, su equilibrio y para permitirles recuperar la salud.

Es muy importante recordar esto: ¡mirad a Huguette! Tiene el típico discurso de las personas mayores frente a esos problemas. «Lo sabía, soy demasiado vieja. No debería haber tenido una nueva mascota. Ya no puedo darle lo que necesita». No es verdad. Vale la pena repetirlo: incluso en un entorno de interior, basta con proporcionar a un gato, por ejemplo, recursos tridimensionales, un rascador, un árbol para que pueda trepar. Este equipamiento no es la respuesta a todo, pero a menudo puede mejorar la calidad de vida del animal.

Árbol para gatos

Para ser eficaz, este utensilio debe estar compuesto por una serie de elementos que respondan a las demandas clásicas del gato. En primer lugar, debe tener varios niveles. Las diferentes alturas permiten al gato elegir la ubicación de su área de aislamiento y crear una zona alta y protegida. También, varios escondites, cajas más o menos cerradas, casetas que favorezcan el espionaje discreto, un pasatiempo del que disfrutan muchos gatos. Los troncos suelen estar cubiertos de esparto, lo que permite al animal arañar. Y si, además, el árbol se coloca delante de una ventana, para que pueda observar, entonces, este simple elemento decorativo se convierte en factor de bienestar felino…, aunque no sea suficiente.

En todos los casos, nuestro tratamiento se estructura en torno a varios ejes.

El primer punto esencial es favorecer la comprensión de la situación. El compañero del animal, el dueño, el amigo humano del gato debe comprender lo que ocurre. Así, le explicamos a Huguette —y de hecho no estaba muy lejos de lo que imaginaba— que era necesario enriquecer el entorno de Lucifer, y que esto era posible sin un esfuerzo económico o estructural descomunal.

El segundo punto, igualmente importante, es la necesidad de empatizar tanto con el dueño como con el gato. No sé si a ustedes los ha perseguido o atacado regularmente un gato, pero es desagradable y doloroso. Aunque parezca que esas escenas son más un juego que una agresión, uno se siente en peligro.

Esto es aún más cierto en las personas mayores que, como Huguette, toman medicación anticoagulante, lo que aumenta el riesgo que conllevan las lesiones causadas por su compañero felino. Empatizar con Huguette significa reconocer su decepción y comprender sus temores. También significa dejar claro rápidamente que, sean cuales sean las «buenas» razones de Lucifer, no vamos a permitir que siga actuando así. A menudo, la dificultad reside en hablar de castigo. Huguette, como muchos de nuestros clientes, creen que es necesario castigar al animal para que comprenda que ha actuado mal.

Disrupción, no castigo

En medicina conductual felina, nuestra primera receta, casi siempre, es: «Hay que acabar con los castigos». El castigo físico, por supuesto, pero también los gritos y las amenazas. La coacción no forma parte de la solución, siempre empeora las cosas. Es un problema complicado: vivimos en estructuras sociales y educativas, sobre todo las personas de cierta edad, que siempre se han basado en el castigo y la represión. Por eso, durante mucho tiempo se consideró que los gatos eran incapaces de aprender, porque con los perros, los caballos y los niños, los modelos de aprendizaje se basaban en el castigo: el golpe de la regla en los dedos de los estudiantes, la fusta del jinete o la vara con los perros. Estos métodos no funcionan con los gatos: hazles daño o dales un buen susto una sola vez y —volveremos sobre esto más adelante— tal vez destruyas la relación para siempre. Por lo tanto, hay que prohibir sin castigar, pero ¿cómo? ¿Hay alguna forma de prevenir los ataques sin recurrir a actitudes punitivas dolorosas o demasiado aterradoras para el animal? La solución se llama disrupción. En términos prácticos, consiste en detener un comportamiento sin emprender ninguna acción que genere aversión, miedo o maltrato. Para disrumpir la acción no deseada, por ejemplo, puedes lanzar un chorro de aire comprimido o de agua al gato justo cuando está a punto de abalanzarse: ¡sin peligro, sin grandes sustos! Por eso, quien se acerca a la casa de algunos de mis clientes, en las proximidades de mis consultas, y, sobre todo, en la zona de Toulon, encontrará abuelas o abuelos que se pasean por casa con una pistola de agua colgada del cinturón, como un John Wayne de salón. En el lugar preciso y en el momento exacto en el que es probable que ataque, detrás de la cómoda, donde acecha y se agazapa, en cuanto aparece el gato, la víctima potencial saca la pistola de agua, el pulverizador de plantas, el espray limpiador del teclado del ordenador y dispara una ráfaga breve. Esto reproduce el ruido de un gato amenazante, una señal que el animal puede entender sin que le resulte dolorosa ni lo asuste. De este modo, reducimos el riesgo de agresión hacia las personas y también proponemos redirigir el ataque depredador hacia un juguete, una pluma o un peluche en el extremo de la caña de pescar de un niño, lo que evitará que el gato se lance a las pantorrillas de sus dueños y, a la vez, el animal satisface sus instintos. Poco a poco, desaparecerán las heridas, y con ellas los castigos. Disminuirán los temores de todos, se restablecerá la armonía y el gato podrá quedarse en casa de esa persona. De lo contrario, el gato corre un gran riesgo de abandono, por consejo de los hijos o de los médicos, si se considera que el animal supone un peligro, sobre todo para una persona mayor.

La importancia de los medicamentos

En el caso de Lucifer y Huguette, empezamos por reducir la impulsividad agresiva del gato y tratar su ansiedad. Esto significa aceptar la idea de un tratamiento médico y ser capaz de administrarlo. Hoy disponemos de toda una gama de medicamentos, con diferentes modos de aplicación, algunos de los cuales se adaptan mejor a los gatos.

Algunos productos se venden sin receta, como las feromonas, los nutracéuticos y la aromaterapia. A veces, son necesarios los psicofármacos, pero siempre bajo prescripción veterinaria: algunos son solo para animales y otros los encontramos en la farmacopea humana.

Los veterinarios tienen suerte: pueden adaptar sus prescripciones a la gravedad de los síntomas y a la facilidad de manipulación del gato. Siempre hay una solución.

A veces, seguimos encontrando resistencia. Puede haber una colisión entre la representación de un gato solitario e independiente que se limpia solo y la idea de «darle sus gotas» para evitar que su comportamiento se descontrole. Esto está cambiando, y rápido. La medicina felina ha progresado muchísimo en todos los ámbitos —cardiología, dermatología, enfermedades infecciosas, etcétera— y la psiquiatría no es una excepción.

A Lucifer le receto el psicofármaco que mejor regula la impulsividad y me aseguro de que Huguette pueda dárselo. Ella se muestra positiva: «Se porta muy bien con la medicación, puedo darle de todo [...]. Por eso, antes entendía aún menos por qué, a veces, era tan travieso, pero ahora lo comprendo mejor [...]. ¿Qué árbol para gatos me recomiendas?». Ahora que ha aceptado mi propuesta, sé que lograré reducir la impulsividad y la ansiedad del gato. Entonces se hace imprescindible aplicar todo el protocolo de enriquecimiento ambiental.

Enriquecer su entorno

Junto con Huguette, nuestro equipo y yo elegimos un árbol que cupiera en su piso, adecuado para las funciones de las que ya hemos hablado. Le recomendamos a Huguette la pistola de agua, que sustituyó por un pulverizador de plantas que ya tenía en casa, porque no le apetecía jugar a indios y vaqueros. Y luego le ofrecimos a Lucifer un montón de señuelos de presa con una caña de pescar infantil, plumas o ratoncitos de peluche. En estos casos, se debe buscar lo que realmente divierte al animal. Hay que encontrar lo que le produzca la satisfacción de perseguir algo y cumpla su requisito básico de pequeño depredador: cazar.

Huguette lo organizó todo; quería quedarse con su amigo de uñas y dientes temibles, que también era el compañero que se acostaba con ella por la noche o que, en alguna pausa deliciosa, saltaba de repente sobre su regazo, se hacía un ovillo y ronroneaba como el motor de un avión durante unos minutos antes de volver a jugar como un gatito.

Dos meses después, Lucifer no le hacía ni una herida a Huguette. Se había convertido en un gato juguetón, feliz, con muchos escondites en casa: es travieso, muy gracioso y Huguette se divierte mucho con él. Se llevan de maravilla. Lucifer es un ejemplo vivo de que los psicofármacos no cambian la personalidad de un individuo, sino que ayudan, en este caso, a controlar y erradicar los impulsos excesivos. Huguette respeta muy bien los horarios de alimentación del gato (al menos seis veces al día), le ofrece juegos y ha construido una vida equilibrada con él. Después de tres meses de tratamiento médico, pudimos empezar a retirar la medicación, y mantuvimos las prescripciones ecológicas. A los seis meses, Lucifer ya no toma fármacos. El piso de Huguette se ha enriquecido, para adaptarse a las necesidades del gato, que ha restablecido su homeostasis y su capacidad de adaptación. Lucifer ha aprendido a controlar mucho mejor sus uñas: sigue ejerciendo su capacidad depredadora, pero sobre objetos destinados a eso. También ha aprendido a desconfiar de Huguette y de sus atinadas pulverizaciones, que anulan el riesgo de ataque gracias a una sincronización perfecta. En pocas semanas, Huguette dejó de vivir continuamente con un pulverizador a mano. En resumen, sus vidas están por fin en armonía, el tratamiento ha acabado: Huguette sabe que, si por casualidad los «ataques» volvieran a producirse, hay soluciones, y no deja de decírselo a quienes la rodean. Me contó, muy divertida, que le dijo a su médico que se alegraba de no haber oído su consejo de renunciar al gato y que había otras soluciones más respetuosas con el animal y con su relación.

No todas las historias de este tipo tienen finales tan felices (recuerden el caso de Nougat, aunque su problema era diferente), pero los buenos resultados nos ayudan a continuar nuestra cruzada por una convivencia armoniosa, que respete el bienestar tanto del animal como de las personas que viven con él.

Nougatine y Catherine: tratamiento de los trastornos del estado de ánimo

En la vida profesional, ciertos pacientes, acompañados de un humano extraordinario, nos hacen aprender aún más: su destino es enseñarnos elementos fundamentales de nuestro oficio, y debemos corresponder creando nuevas formas de cuidarlos y acogerlos. Aunque First se convirtió en un factor determinante en mi forma de manejar a los gatos, Nougatine y Catherine marcaron un hito en mi tratamiento para los trastornos del comportamiento felino.

Nougatine fue mi primer caso de distimia bipolar felina que diagnostiqué, traté y seguí durante años. Esta gata me abrió las puertas a la «locura» gatuna, y su dueña me mostró que la empatía y la paciencia combinadas con la férrea determinación de no abandonar a un compañero animal hacen posible vivir con trastornos muy considerables.

En aquella época, yo era veterinario generalista en Toulon y, una o dos veces al mes, dedicaba el jueves, que era mi día libre, a pasar consulta de psiquiatría veterinaria en la región de Niza. Ejercía principalmente en clínicas, pero de vez en cuando, en casos especiales, practicaba a domicilio.

Así fue como, en el agradable barrio de los músicos, una tarde de agosto, conocí a Nougatine, una gata siamesa, cachorra, con un comportamiento muy desconcertante.

El caso es muy antiguo y Nougatine ya no está entre nosotros, pero algunas cosas se me han quedado grabadas. En aquella visita a domicilio, la familia, encabezada por Catherine, me describió los momentos de tensión y los ataques por sorpresa, en circunstancias bastante concretas.

Cuando la veo, la gata está en una «mala época»: los ataques han sido frecuentes los últimos días. Me siento a la mesa de la cocina y, al cabo de unos minutos, Nougatine salta a mi regazo y Catherine me avisa: «Tenga cuidado, si se mueve lo más mínimo, puede atacarlo». Aunque algunos clientes se divierten mucho haciéndonos temer una reacción de su mascota, esta vez no es así. La gatita, que se ha subido a mi regazo, vibra, tensa como una cuerda de piano, y sé que la amenaza es real. En otro caso del mismo tipo, cuando se producía la crisis, el gato se encaramaba en un aparador, más alto que la mesa, y el menor movimiento podía provocarlo. Entonces, el padre decía: «Que nadie se mueva, dejad los cubiertos en la mesa y quedaos quietos». La familia había sufrido varios ataques devastadores y había aprendido que solo la inmovilidad total podía reducir el riesgo.

Aunque Nougatine no era tan peligrosa, sus ataques podían ser muy impactantes.

Quienes nunca han convivido con un animal que sufra este tipo de enfermedad, probablemente no puedan entenderlo. El consejo clásico de amigos y familiares es deshacerse del gato y con él, del peligro. En algunos casos, esta es la única salida, pero Nougatine, y muchos otros, atestiguan que puede haber otra solución. Por supuesto, esto requiere paciencia y prudencia. Nougatine padece distimia bipolar.

Inestabilidad conductual extrema, un síntoma del trastorno bipolar.

Es el equivalente, bastante riguroso, del trastorno bipolar humano, con cambios de humor internos que pueden desencadenarse por elementos relevantes del entorno o, a veces, sin nada específico asociado al inicio de las crisis. Vivir con un animal que padece esta enfermedad es preocupante: su comportamiento resulta imprevisible. En un momento dado, el gato es encantador, se comporta de manera completamente normal (demanda atención, caricias y se muestra cariñoso) y al minuto, puede convertirse en un gato salvaje que ataca con los ojos fuera de las órbitas, sin ningún tipo de control de uñas ni mordiscos.

Entonces, es fácil imaginar que, realmente, la familia necesita una voluntad tremenda para quedarse con el animal si no hay tratamiento. Por suerte, después de varios intentos, actualmente, parece que algunos medicamentos tienen un efecto moderado, pero regular, en estos trastornos. No es cuestión de decir que un animal con distimia bipolar se curará completa y definitivamente. Siempre quedará una fragilidad y la posibilidad de arrebatos productivos y peligrosos. Sin embargo, cuando la gravedad es moderada y la familia está motivada, tratamos a esos animales. Conseguimos proporcionar un marco de mayor previsibilidad. Aunque al principio las secuencias se describan como imprevisibles, en general, no es muy complicado identificar lo que se llama la fase del aura, es decir, señales de alarma que indican que la crisis va a aparecer y que el animal se volverá peligroso. En ese momento, no es factible controlarlo ni intentar someterlo. Solo resulta viable protegerlo y protegerse, normalmente, encerrándolo en una habitación, sin estímulos visuales ni auditivos, para minimizar los efectos de la crisis, algo parecido a los casos de ataques epilépticos. De hecho, es bastante similar: el ataque comienza internamente, pero muchos factores externos pueden empeorarlo. No cabe duda de que uno de los grandes errores médicos del siglo pasado fue haber querido separar la neurología central y la psiquiatría: ambas se ocupan del mismo órgano y, a veces, la línea que las separa es muy tenue. No hace mucho, la disciplina médica se llamaba neuropsiquiatría. Probablemente, se la consideró demasiado importante para no dividirla, pero, sobre todo, el psicoanálisis provocó la escisión entre cuerpo y mente. Por suerte para los veterinarios, la falta del habla en los otros animales nos ha protegido de esta tendencia y nunca hemos perdido de vista los estrechos vínculos entre el cerebro y los demás órganos, pero esa es otra historia…

Nougatine y Catherine, *forever*

Cuando vi a Nougatine, estábamos al comienzo de la disciplina y en la etapa inicial de los tratamientos para casos tan difíciles. Catherine, su dueña, fue extremadamente paciente no solo con su gata, sino también conmigo, un veterinario que intentaba y daba lo mejor de sí para proporcionar un tratamiento que les hiciera la vida posible. Siempre cabe destacar que, desde el momento en que se realiza un diagnóstico, cuando describimos un cuadro conocido, la angustia de los dueños se reduce enormemente. Saben a qué se enfrentan. Ya no es algo extraordinario que les ocurre por sorpresa, sino una enfermedad conocida que afecta a su animal. Hace poco, durante el primer confinamiento, recibí una lección increíble de la dueña de una mascota que se puso en contacto conmigo para una teleconsulta, porque no conseguía que atendieran cerca de su casa a su perro que presentaba crisis de bipolaridad. Esa señora era enfermera psiquiátrica, y cuando hablé con ella por teléfono, me dijo: «Lo sé, creo que sé lo que le pasa a mi mascota, y cada vez que lo comento con alguien, me dice: "Solo hay una solución, la eutanasia". ¡Dese cuenta! Si tuviéramos que hacerlo con los seres humanos, si tuviéramos que eutanasiar a todas las personas bipolares… Me parece increíble que otros animales no puedan beneficiarse del mismo tratamiento que los humanos».

Es una opinión que comparto. Sé que eso sorprende a todos los que creen que hay un techo de cristal entre los demás animales y los seres humanos y que es impensable querer darles los mismos cuidados. Por razones filosóficas o religiosas, a algunas personas les resulta insoportable la solidaridad en el tratamiento médico de la enfermedad mental. Las dejo con sus certitudes: a mí me sorprende lo contrario.

A veces, el límite es técnico: no tenemos los productos, los conocimientos, los métodos para poder atajar un trastorno y, en caso de extrema peligrosidad, en caso de poner en peligro a la familia, nos vemos obligados a renunciar con el corazón en un puño. No obstante, a menudo podemos intentar un tratamiento, con el consentimiento de todos. Este fue el caso de Nougatine.

Por aquel entonces, hacía ensayos con un producto conocido por su acción timorreguladora, es decir, regulaba el estado de ánimo. Los ensayos eran para perros y algunos de sus trastornos de ansiedad. Hay que destacar la extrema escasez de productos específicos para gatos en la farmacopea veterinaria, por no hablar de psicofármacos, que no existen para esta especie. La investigación, las publicaciones de expertos y, sobre todo, el consentimiento de los responsables de los gatos son los que nos autorizan —en el equivalente a un protocolo compasivo— a salirnos de los caminos trillados.

Las distimias, como su nombre indica, son trastornos del estado de ánimo, como la depresión (en medicina humana, algunos tipos de depresión también se llaman distimia).

Con el consentimiento de Catherine, probé el E828 C (un timorregulador, ansiolítico y protector neuronal) con Nougatine, precisando claramente que no teníamos ninguna seguridad. No fui el primero en intentar curar a Nougatine; los veterinarios que la trataban en medicina general eran, en aquella época, unos de los pocos profesionales que se interesaban por los trastornos del comportamiento, y habían probado algunos medicamentos. Las benzodiacepinas y las morfolinas no ayudaban en absoluto o, al contrario, agravaban las manifestaciones conductuales en caso de crisis.

Los síntomas eran espectaculares: onda de piloerección (*Rolling skin syndrome* o RSS), latigazos con la cola (durante los ataques, la cola golpea con violencia) y asomatognosia (muy a menudo, estos gatos no reconocen su cola y la atacan).

Estos momentos transmiten una marcada sensación de extrañeza y una sensación de sufrimiento: los gatos no pueden decirlo pero, créannos, estos episodios son a la vez físicamente dolorosos y psicológicamente perturbadores.

Una vez realizado el diagnóstico, se explican los mecanismos subyacentes a los ataques: a partir de entonces, la persona ya no se siente culpable, porque comprende que su gato está enfermo de manera autónoma, interna, y que puede ayudarlo, sin sentirse responsable del trastorno. Esta familia, por ejemplo, había perdido un gato poco antes de adoptar a Nougatine: «La hemos tratado entre algodones», confiesa Catherine. En *Au risque d'aimer*[8] tuve la oportunidad de desarrollar el peligro que entraña para un perro o un gato ser el animal sustituto, ¡pero jamás he visto que provoque una distimia bipolar! Aquí no hay ni culpas ni causas: solo la enfermedad…

Sugerimos un tratamiento compasivo: el misterioso E828 C se presenta en comprimidos difíciles de tragar para un gato, pero Catherine y su familia lo consiguieron. Esto suele ser una limitación, sin embargo, en mis años de experiencia, he aprendido que la motivación puede superar muchos obstáculos y aguzar el ingenio de los cuidadores, aunque, a veces, los gatos se revelan como compañeros difíciles para administrar la medicación.

Nougatine siguió el tratamiento y mejoró. Ojo, no estaba curada; unos días después, cuando todo parecía ir mejor, pasó por su casa una sobrina nieta que desencadenó nuevas crisis. Durante una de las revisiones de su gata, Catherine dijo: «Antes era insufrible, ahora es soportable». Por supuesto, preferiríamos una gloriosa victoria, pero frente a un trastorno psiquiátrico demostrado, eso ya da mucha esperanza. Lo cual significa que nos hemos ganado el derecho a seguir curando, a buscar el tratamiento más adecuado para garantizar la mejor calidad de vida al gato y a su familia.

Tuve noticias de Nougatine durante mucho tiempo: vivió toda una vida de gata con su enfermedad más o menos controlada, rodeada de bondad, comprensión y de un amor que ella devolvió a raudales. Si la enfermera me lee algún día, me gustaría que se tranquilizara y supiera que cada vez somos más los que compartimos esta convicción: no sabemos curarlo todo, pero eso no nos impide tratar, apoyar y posibilitar la vida a muchos casos que parecen desesperados.

Más adelante, en el libro, conocerán otros casos y otros gatos que permiten postular la existencia de una patología psiquiátrica felina, como la que ya se reconoce para los perros.

En este capítulo hemos abordado todas las causas que sacan a la luz, de forma exagerada, el lado depredador del gato. Como hemos visto, algunos casos son sencillos y pueden resolverse enriqueciendo el entorno y atenuando el estado emocional del animal, mientras que otros requieren un tratamiento de mayor envergadura, adaptado a déficits importantes de autocontrol, o a la pérdida de contacto con la realidad, con resultados más o menos estables, nunca garantizados, pero siempre esperados.

Capítulo 2

Territorio y sufrimiento

«Amo a los gatos porque amo mi casa, y los gatos
se convierten poco a poco en su alma visible».
JEAN COCTEAU

En nuestra casa convivimos, pues, con un depredador apenas apaciguado que, a veces, puede volver al estado salvaje. A pesar de esto, nos encanta vivir con ellos y, en la inmensa mayoría de los casos, no queremos renunciar a una convivencia tan valiosa. Compartir hogar con uno o varios gatos significa aceptar la alteridad, experimentar a diario que es posible vivir en armonía con unos seres muy distintos, siempre que se respete al otro en su singularidad y se sepa establecer con él ámbitos de intercambio para beneficio mutuo, incluyendo entre ellos la sorpresa del placer compartido del encuentro.

Encontrarse significa compartir un espacio vital. Así que esta será la segunda etapa de nuestro viaje, nuestra segunda clave para entrar en el reino de los gatos: la armonía en su hábitat, y la posibilidad para el gato de organizarlo como quiera, respetando algunos puntos fundamentales, es la base de su equilibrio.

Por lo tanto, resulta fácil entender que también sea la causa de muchos problemas.

La princesa Choupette

Según su dueña Carole, Choupette es una princesa.

Viven en un piso en la región parisina, donde la hija de Carole también se instala por temporadas. Todo les va muy bien: comparten momentos tiernos y tienen la vida perfectamente organizada. Choupette duerme a menudo en la cama de su dueña o en un armario. Es muy limpia: hace todas sus necesidades en el arenero.

Y entonces llegó el confinamiento: para hacerlo más agradable, Carole decidió refugiarse en casa de sus padres, en el Midi. Tendrían mucho más espacio. Su hija, su hijo, la novia de este y un amigo fueron con ella: al cabo de unos días, para consternación de Carole, a la que aterran los destrozos en la casa materna, Choupette se convirtió en una gata sucia. Orinó en la cama; luego, en el sofá y después, en el sillón.

La princesa se convirtió en una puerca.

La dueña tiene una hipótesis que puede ser válida; la precipitada mudanza ha «estresado» a la gata. Y también podrían asustarla los nuevos habitantes. Según Carole, su hijo no es una figura muy familiar ni tranquilizadora para la gata. Sin embargo, las dosis conmemorativas no apuntan al desarrollo de un estado de ansiedad, y lo que hace Choupette son evacuaciones indeseadas, no un marcaje.

Una precisión necesaria

Debemos dedicar un momento a explicar esto, porque es un punto esencial en el diagnóstico.

Cuando un cliente viene quejándose de que su gato es sucio, en realidad, eso no nos proporciona ninguna información si no continuamos con un cuestionario más largo.

Con solo cinco preguntas, casi siempre es posible distinguir entre excreción alterada o indeseable y marcaje urinario.

	Excreción indeseable	Marcaje urinario
Postura	Agachado	Levantado
Superficie de excreción	Horizontal	Vertical
Cantidad	Importante	Baja
Vocalización	Ausente	Presente
Secuencia	Excreción (Olfatea el suelo, se rasca, se da la vuelta, se agacha, excreta en silencio, se rasca, recubre, comprueba).	Marcaje (Reflejo de Flehmen, se da la vuelta, cola erguida, excreta un chorro de orina emitiendo un sonido y se va).

En el momento de la excreción el gato es vulnerable: hay que ser silencioso y preciso para cubrir las huellas. El marcaje es una forma de comunicación dirigida a otros gatos: combina varios canales de comunicación.

Esta distinción no es solo teórica: los estados de ansiedad van acompañados de un marcaje urinario y hay que investigar las causas. La excreción indeseable, en cambio, se produce sobre todo cuando la zona de evacuación se ha modificado y se ha vuelto inutilizable para el gato.

El caso de Choupette sucede durante el primer confinamiento, así que organizamos una teleconsulta. Mientras hablamos, la gata se coloca en el sillón, frente a Carole, y produce una magnífica secuencia completa de excreción. Esta es una de las ventajas de la teleconsulta, ahora autorizada en determinadas condiciones: nos permite presenciar comportamientos que, de otro modo, en el mejor de los casos, nos describen los dueños. Le pido a Carole que me enseñe la casa con el vídeo y, en particular, los puntos de descanso, las zonas de alimentación, los lugares de observación e interacción y la zona de excreción.

La visita al cuarto de baño, donde estaba el arenero, nos dio la clave. Con las prisas por salir de París, a nadie se le ocurrió coger la bolsa de arena que le gusta a la gata. Carole se llevó una alegría cuando encontró otro tipo de arena en el diminuto supermercado del lugar donde se confinaron, pero el cambio no le sentó bien a Choupette. ¿Ustedes creen que es un capricho de princesa? En absoluto.

La organización de su entorno es un elemento central para el equilibrio de los gatos, un punto innegociable de sus exigencias etológicas. No tienen una pataleta por no conseguir el producto que les gusta, hay algo más profundo detrás, la desorganización de las zonas principales de su biotopo los desequilibra.

Cuando conseguimos encontrar el sustrato adecuado para Choupette, añadimos un complemento alimenticio con propiedades ansiolíticas para evitar que el brusco cambio en su entorno provocara un desequilibrio emocional y limitar el riesgo de la manifestación de un estado ansioso que podría convertir en habitual el comportamiento. Carole no tuvo tiempo de dárselo: en cuanto el arenero volvió a resultarle familiar, la gata sucia desapareció.

¡La puerca no pedía mucho para ser de nuevo una princesa!

El gato, espejo de nuestros valores

Actualmente, a algunos les gustaría que el gato fuera rey.[1] Pero, con toda seguridad, los gatos desean tanto ser reyes como Mike Tyson ponerse un tutú. Cuanto más presentes están los gatos en nuestra sociedad, más parece que lo que conocemos sobre ellos no tiene nada del respeto básico que conlleva el descubrimiento de una especie: no encasquetarle defectos y cualidades humanas (antropomorfismo) ni juzgarla solo desde la perspectiva de las capacidades humanas específicas, lo que reduce a todas las demás especies a un estatus inferior (antropocentrismo). Estos son los dos escollos que intentaremos evitar, aunque no rehuyamos de hacer accesible el mundo de los gatos al establecer comparaciones con el nuestro. Debemos tener en cuenta lo que dijo Wittgenstein sobre otro gran felino: «Si un león pudiera hablar, no podríamos entenderlo». Los seres humanos nos pasamos la vida interpretando lo que vemos según nuestros sistemas de creencias, referencias y valores. A los gatos les costó caro que su extraordinario comportamiento se asociara con el diablo y las brujas; por su parte, hoy se han convertido en icónicos, cuando ese mismo comportamiento se corresponde con los valores de la época.

El gato no es rey, pero va camino de ganar (al menos en Francia y Alemania) la batalla por la popularidad entre los animales de compañía.

Cuando empecé mi carrera profesional, a finales de los años ochenta, en Francia había más de diez millones de perros y menos de ocho millones de gatos. Hoy, a principios de la década de 2020, hay más de quince millones de gatos, lo que convierte a Francia en el primer país en términos de ratio (un gato por cada cinco habitantes) con un punto muy particular: el número de felinos domésticos duplica al de los perros (15,2 frente a 7,5 millones). Esto no ocurre en ningún otro país, y, aunque en el mundo entero se comparte el entusiasmo por los gatos, llama la atención que en Francia sea a costa de los perros.

Hay razones que tienen que ver con los perros: en mi opinión, la ley sobre los llamados perros peligrosos y la consiguiente cobertura mediática han confundido al público sobre el peligro real de estos animales y han disminuido la apetencia natural por el mejor amigo del hombre. Por cierto, hay buenas noticias al respecto, en una época en las que no abundan: la epidemia de coronavirus ha dado un impulso impresionante a las ganas de tener perro. En muchos países, entre ellos Francia, la demanda ha sido tan grande que ha provocado escasez de cachorros. Los cachorros criados en el confinamiento a veces tienen algunos problemas de conducta, pero esa es otra historia. El descenso temporal, y esperemos que reversible, del número de perros explica solo una ínfima parte del aumento del de gatos.

Dos factores han contribuido a esta pacífica invasión felina:

- El gato es un vector ideal de comunicación en Internet.
- El gato se identifica con nuevas formas de vida.

Estrella de Internet

La primera razón es estética: reconozcámoslo, no hay nada más mono que un gatito. Los campeones de la ternura son las estrellas de Internet y las redes sociales. Esto, a veces, exaspera a los veterinarios que intentan animar las páginas web de sus clínicas con novedades terapéuticas y científicas sin mucha repercusión, mientras que la más mínima imagen de una camada de gatitos genera mucho tráfico en sus páginas. Incluso los adultos son famosos; seguro que conocen la historia de Tardar Sauce, apodada Grumpy Cat ('Gata Gruñona'). El hermano de la dueña, Tabatha Bundesen, era fotógrafo y difundió unas fotos que se hicieron famosísimas a través de los memes, por contener una leyenda basada en el aspecto negativo del gato.

Grumpy Cat ha difundido por todo el mundo mensajes de desprecio e, incluso, odio hacia los seres humanos y ha divertido a millones de internautas. Pero la historia de esta gata no es solo una historia de comunicación viral, sino también de una impresionante monetización: aunque su dueña nunca ha querido confirmarlo, al parecer, Grumpy Cat ha ganado unos cien millones de dólares gracias a la publicidad, a productos de promoción comercial y a demandas por plagio.[2]

Esta historia cuenta varias: la universalidad de la imagen de esta gata, con sus mensajes de sabiduría desilusionada, ha causado sensación en todos los continentes; y este es un punto importante. La gata Grumpy es un icono de burla y sarcasmo.

También me sorprende que nadie se escandalizara porque los rasgos faciales particulares de esta gata se debieran a una forma de enanismo, lo que, evidentemente, invalida toda la pertinencia del mensaje y sitúa al animal en un mundo muy distinto del de los humanos. Sería inimaginable utilizar imágenes de un humano con acondroplasia para transmitir mensajes cómicos, sobre todo en Estados Unidos, un país que se ha erigido en adalid de lo políticamente correcto y que, a menudo, pone límite al humor. Los memes, estos mensajitos, no se burlaban de la malformación facial de la gata, sino que la utilizaban para transmitir un mensaje que parecía acorde con el ceño fruncido del felino, debido a su discapacidad. Esta desafortunada gata murió a los siete años de insuficiencia renal. Aunque no me sorprenden los beneficios (a estas alturas ya nos hemos acostumbrado al potencial económico que pueden generar los *influencers* en la red, y que uno fuera gata resulta hasta simpático), me molesta que los mensajes que le pidieron que transmitiera fueran negativos. Uno de los últimos que vi, mucho después de su muerte, era: «Está demostrado, los gatos no transmiten el covid. Aunque lo haríamos si pudiéramos». Como a todo el mundo, a veces me divierten algunos mensajes cómicos, aunque lamento que, probablemente, esto enturbie aún más la imagen de los gatos.

Las razones del entusiasmo

La inversión de la curva de la tenencia de gatos y perros en Francia puede explicarse por el estilo de vida. La epidemia del COVID-19 ha cambiado muchas cosas, y lo que escucho desde el confinamiento por parte de mis colegas es más un entusiasmo por ambas especies que una abrumadora mayoría de adopción de gatos. Si rebobinamos el curso de nuestra vida hasta 2020, ¿qué vemos? Muchos franceses viven en viviendas pequeñas en el centro de las ciudades y ya no conciben acoger un perro. Mucho menos desde que la legislación de los perros peligrosos ha empañado su imagen, lo que explica, una vez más, por qué hay menos perros que gatos. Esto sería olvidar el deseo, que muchos seres humanos sienten como una necesidad, de vivir con otras especies animales: representa la promesa, casi siempre cumplida, de una relación positiva llena de sentimientos de afecto, ternura e incluso amor. La presencia de un animal doméstico ayuda a vivir, mejora la salud y aumenta la esperanza de vida. Parece un tópico, pero podemos citar varios centenares de publicaciones científicas que apoyan esta afirmación, incluido un reciente metaanálisis que constata el aumento de la esperanza de vida vinculado a la tenencia de un perro.[3]

Hay menos literatura sobre los beneficios de los gatos. Por supuesto, los gatos no imponen más ejercicio físico ni propician más encuentros sociales: cuando los científicos tratan de medir el impacto en el bienestar y el estado de ánimo, lo que se mide es el efecto de la relación. No tenemos la misma relación con un gato que con un perro: esto puede parecer obvio, pero es la fuente de muchos malentendidos. Por ejemplo, muchos estudios están distorsionados porque incluyen elementos que solo pertenecen a la posible relación con un perro.[4] Las personas que, a falta de otra opción, han adoptado o comprado gatos porque pensaban que no podían tener un perro y esperaban lo mismo, pueden sentirse decepcionadas.

En cualquier caso, la urbanización ha favorecido el aumento del número de felinos domésticos. Pero ¿por qué Francia es el único país con tanta diferencia entre el número de gatos y perros?

Los franceses eligen su mascota en función de donde viven y según sus condiciones laborales. Francia es el país con más días libres de Europa y, al menos antes de la crisis económica, la reducción del tiempo de trabajo, ya sea en horas o en días, ha favorecido las ausencias repetidas de casa, unas minivacaciones que pueden ser difíciles de organizar con un perro (o más costosas). En cambio, con un gato, un dispensador automático de comida y un arenero bien limpio antes de salir permiten que el michino se quede dos o tres días solo, sin consecuencias importantes, en la mayoría de los casos.

¡Los gatos, además de bonitos, son prácticos! ¡Cuidado, no nos engañemos! Cada vez más gatos muestran síntomas cuando se quedan demasiado tiempo solos: lamidos compulsivos hasta el punto de arrancarse todo el pelo de la cola o el vientre, suciedad urinaria o fecal, diferentes marcajes…, todos son signos, cada vez más presentes, que indican hasta qué punto la regularidad de la relación es un factor determinante para el michino y sus congéneres.

Por último, y quizá el factor más importante, los gatos están en sintonía con las tendencias de nuestro tiempo. Son heraldos de ciertos valores:

- Respeto por el cuerpo (aún no lo desvelaremos todo, pero es otra clave).
- Y el *cocooning,* el cuidado del hogar para convertirlo en un remanso de paz y un recurso psicológico. Este impulso nos ha acercado a los gatos, que practican ese arte desde hace miles de años.

Homeland

El gato no es rey, pero cuando lo miramos desde nuestra perspectiva, a través de los prismas que hemos mencionado antes, lo vemos recorrer su espacio vital como si le perteneciera, adoptar posturas hieráticas, y esto puede transmitir imágenes de solemnidad y poder. Evitemos estas interpretaciones erróneas y utilicemos nuestras claves. Recordarán la primera: los gatos son a la vez presas y depredadores.

Ahora tienen la segunda: su espacio vital tiene muchísima importancia. Razonemos con el gato: sigamos el hilo de Ariadna que nos guía por el laberinto de su cabeza. A menudo, les pediré que intenten ponerse en la piel de un gato, no que intenten pensar como un humano, sino que vean el mundo a través de los ojos, el cerebro, las emociones y la cognición de un gato. Es un ejercicio difícil, casi imposible. Para entender como un gato, habría que ver, oír y oler como ellos, tener vibrisas (largos pelos sensoriales) y saber integrar su información. Pero ya lo verán, con un poco de práctica, pronto se pondrán en la piel de su felino doméstico. Tal vez esto lo destrone, pero, precisamente por eso, será más apasionante.

El gato, presa y depredador, con diferentes sentidos adaptados a esta dualidad, organiza su espacio vital para responder a las exigencias de esta doble naturaleza: saber protegerse y cazar.

En los casos clínicos a los que me refiero, muy a menudo, la ruptura de la armonía entre estos dos polos crea el desequilibrio. Eso desencadena los síntomas clínicos: el gato expresa así su incapacidad para reorganizar su territorio de manera satisfactoria.

Vamos a zanjar de inmediato un punto que genera debates entre los científicos. En varias ocasiones, utilizaré la palabra «territorio» con su sentido corriente, no etológico. Una especie territorial se define como una especie que defiende su territorio, sobre todo, de sus congéneres, a excepción de su pareja sexual y descendencia. Esta visión no se corresponde con la especie felina: aunque muchos gatos son capaces de defender ciertas partes de su entorno —y de qué manera—, esto no se aplica a todo el espacio que ocupan. Al contrario, les gusta compartir, en determinados momentos, ciertos lugares para juegos, mimos, en resumen, para toda un conjunto de relaciones que los excluyen de la definición de especie territorial.

Sin duda, ha llegado el momento de cambiar nuestro paradigma sobre la noción de territorialidad y aportarle matices y sutilezas. El trabajo de Vinciane Despret,[5] pese a ocuparse de los pájaros, está en consonancia con nuestro trabajo actual para renovar la perspectiva de la noción de territorio, y parafraseándola diría: «Tenemos que dejar de pensar en los gatos como pequeños burgueses».

Así que, a veces, hablamos de territorio en el sentido de espacio vital, biotopo o terreno vital. Para nosotros, estas cuatro expresiones son equivalentes. Incluso si, en ocasiones, la palabra «territorio» se cuela en estas páginas, no remite al gato a la estrecha definición de especie territorial.

Sin embargo, la base del equilibrio de un gato es un entorno vital satisfactorio que le permita sentirse seguro y expresar sus conductas naturales de exploración, observación y caza.

Pero entonces, si necesita todo eso, ¿es posible mantener un gato en un piso sin infringir esas reglas fundamentales y sin tener que considerarlo un animal cautivo, víctima de un maltrato fundamental, por el impedimento de la expresión de su comportamiento natural?

La respuesta es ahora categórica y positiva: sí, un gato puede estar en perfecto equilibrio viviendo en un piso si encuentra los recursos necesarios. Tranquilícense, no es muy complicado reunir las condiciones adecuadas, y la gran mayoría de los gatos atendidos en clínicas veterinarias son el testimonio de vidas felices, ricas en todas las experiencias necesarias.

Este sentimiento, compartido por multitud de profesionales, no constituye evidentemente una prueba. Lo trataremos en detalle más adelante (capítulo 4, p. 145), pero retengan que algunas publicaciones y trabajos de nuestra diplomatura universitaria de Psiquiatría Veterinaria no han encontrado diferencias en la frecuencia de trastornos del comportamiento entre los gatos que pueden salir de casa y los que no pueden.

Cinco necesidades básicas

De momento, los invito a comprender la construcción de un biotopo felino.

Es importante recordar el número cinco: es un número casi mágico para entender a los gatos.

Organizan su mundo en diferentes áreas. Da igual cuál sea su entorno cotidiano, interior o exterior, en una jaula de clínica veterinaria o en cinco hectáreas de libertad, siempre será posible identificar cinco categorías de áreas que corresponden a cinco necesidades fundamentales.

Las cinco áreas del espacio vital

- El área de aislamiento: donde el gato descansa y se acicala, y donde debe sentirse lo más seguro posible.
- El área de alimentación: donde encontrará su comida.
- El área de evacuación: una zona cuidadosamente elegida para una excreción segura, y fuente de muchos malentendidos con los humanos.
- El área de actividades solitarias: el gato puede pasar mucho tiempo observando, cazando y jugando sin necesidad de compañeros.
- El área de interacciones: aunque no son obligatorias, nuestro felino doméstico puede buscar y apreciar mucho las interacciones. Suelen producirse en lugares y momentos concretos.

Estas zonas están unidas por caminos invisibles, organizados según un balizaje feromonal distintivo.

Esta dimensión es muy específica de los gatos: junto al sistema olfativo principal, existe un sistema olfativo accesorio dedicado a detectar feromonas. El territorio felino se organiza, pues, en función de sus cinco sentidos, con un capitán a bordo: el olfato en sus dos componentes.

A esto hay que añadir una dimensión temporal. Puede que un lugar fijo de la casa no se utilice nunca como zona de aislamiento por la mañana, pero sea muy apreciado por la tarde.

Estas áreas nos dicen mucho sobre el equilibrio conductual del gato en función de su existencia, estabilidad y distribución.

Una vez descrita la organización en general, debemos entrar en más detalles. Si tienen un gato, cojan un cuaderno o un papel e intenten trazar el mapa del biotopo de su gato: ya verán cómo esto explica muchos de sus comportamientos.

El área de aislamiento: la habitación del pánico

Al César lo que es del César.

Piense como un gato: si usted es una presa, entonces buscará un lugar muy seguro para descansar y acicalarse: dos momentos en los que es imposible estar tan alerta como sería necesario. En cambio, si usted está en modo depredador o en modo «no percibo ningún peligro a mi alrededor», entonces puede tumbarse al descubierto, en un lugar accesible a los otros que no considera un peligro.

Así que, ¿cuál será el lugar predilecto de un gato para dormir o echar una larga siesta?

Figaro siempre está encaramado en lo alto de un armario, en un jarrón calado lo bastante grande como para proporcionarle un escondite perfecto, que también le permite vigilar los alrededores. En cambio, Tounet ha elegido una mecedora, en una habitación tranquila pero accesible. En cuanto a los gatos que han compartido mi vida, la misteriosa Hermione siempre descansaba escondida, mientras que Chiquita se instalaba en el asiento central del sofá. Galy, la pequeña esfinge que he mencionado antes, podía dormir en mi ordenador, entre la pantalla y yo. Actualmente, Flora duerme encima de mí siempre que puede, llega a paso de tortuga mientras duermo y se instala en mi espalda; yo finjo no verla.

Ya hemos mencionado a los gatos que padecen el síndrome HsHa y uno de los elementos clave del diagnóstico es la alteración del lugar donde se acuestan: estos gatos se quedan dormidos en cualquier parte, incluso donde cinco minutos antes estaban jugando. Los padres de niños hiperactivos describen de igual manera lo difícil que es acostar a sus hijos hasta el momento en que, como un interruptor que detiene la actividad por agotamiento, se quedan dormidos donde están.[6]

Durante meses cuidé de Rammus, el gato naranja de mi hijo. Indudablemente, padecía el síndrome HsHa, y su tratamiento le salvó la vida. Lo menciono porque ilustraba la tan caótica como divertida incapacidad de un gato hiperactivo para construir su área de aislamiento como los demás gatos.

Tengo fotos de Rammus dormido en medio del salón de mi hijo, en el parqué. Si un gato quiere estar, aunque sea un poco, a cubierto, no se expone de esa forma. Cualquiera puede atacarlo y hacerle daño. A medida que avanzaba el tratamiento, Rammus aprendió que un área de aislamiento debía cumplir ciertos criterios: al principio eligió lugares elevados pero muy expuestos, como la mesa del comedor, el banco de pesas o la tabla de planchar. Luego cambió de opinión y se acostaba en lugares que ningún otro gato de la casa había utilizado. La parte superior de los muebles de la cocina, a más de dos metros, se convirtió en uno de sus lugares favoritos. De vez en cuando, me sentía espiado, levantaba la vista y me encontraba con su mirada apuntándome bajo los dos triangulitos de sus orejas. Por último, cuando progresó, sintió la necesidad de estar rodeado y protegido. Así que probó en el cesto de la ropa sucia, que a veces estaba encima de la tabla de planchar. Es un clásico para muchos gatos y una maldición para los que se encargan de la colada y la encuentran llena de pelos. Desterrado del cesto, se apoderó de los lavabos. Solía encontrármelo hecho un ovillo en el lavabo del baño y, cuando le decía que necesitaba usarlo y que el agua iba a invadir su nido, me parecía distinguir un aire de reproche; unas cuantas veces he llegado a cambiar de sitio si solo tenía que lavarme los dientes. Y luego se hizo con los armarios, ¡pero por dentro! Era fácil saber que había elegido un nuevo domicilio cuando el montón de ropa en el suelo designaba que era el lugar que había elegido. Desde entonces, siempre pregunto a los dueños por el área de aislamiento y considero la construcción de esa área un elemento de seguimiento en el tratamiento del síndrome de hiperactividad. Mientras que un gato hiperactivo será incapaz de construir una zona de aislamiento habitual, relajante, uno ansioso siempre encontrará un lugar lo más protector y escondido posible que no querrá compartir. Bueno, en la mayoría de los casos… Aquí también, generalizar conduce al error, algunos dueños nos dicen que el gato solo puede dormir con ellos…, en su cuello o cabeza. Cuando esto ocurre, buscamos signos de autonomopatía, es decir, afecciones que impiden que un animal adulto sea autónomo y que dependa de la presencia de la figura de apego. A veces es solo una elección del gato, pero se debe comprobar.

Por todos estos motivos, el lugar que eligen nuestros gatos ya nos dice mucho sobre su equilibrio emocional.

El área de alimentación: Delicatessen

Nuestros gatos son comensales. Disfrutan de la comida sin perjudicarnos. Y, sin embargo, eso solo es cierto cuando no les dejamos cazar a su antojo; de lo contrario, bien podrían ser autosuficientes. Al controlar su alimentación, debemos tener en cuenta tres puntos:

- El lugar donde se alimentan debe estar protegido y permitirles entregarse a esta actividad sin correr riesgos.
- La frecuencia con la que comen.
- El tipo de comida.

Una vez más, necesitamos olvidar lo que sabemos de nosotros mismo y lo que sabemos de los perros e intentar meternos en la cabeza de este pequeño felino, a la vez presa y depredador. En la naturaleza, pasa gran parte del tiempo cazando. En esos momentos está al acecho y, por tanto, muy atento. Así que está al mismo tiempo en modo caza y en modo protección. Puede pasar horas vigilando agujeros por donde ha visto meterse a ratoncitos de campo y topillos, de los que dará buena cuenta cuando salgan. También puede acechar pájaros durante periodos muy largos con una probabilidad de éxito muy baja, pero no nula.

Según la literatura etológica clásica,[7] un gato consume el equivalente a un ratoncito de campo entre diez y quince veces al día.

¿Por qué comer presas pequeñas tan a menudo y no seguir el ejemplo de su primo mayor, el león, y elegir una presa grande que lo mantenga saciado durante varios días...?

Imagino que el lector comienza a anticipar la respuesta. ¿Qué hacen los leones después de una buena comida? La digestión mientras duermen, sin ningún riesgo de que los ataquen durante el sueño. El gato no tiene este privilegio: para él, es mucho más seguro comer poco y dormir brevemente en lugares bien protegidos que exponerse demasiado tiempo inconsciente y que lo descubra otro depredador. La doble naturaleza de presa y depredador es la clave para entender este comportamiento.

Una vez comprendido esto, surge otra pregunta: conociendo este requisito etológico, ¿podemos encontrar la forma de satisfacerlo en una vida urbana dentro de un piso? ¡Por supuesto! Repartiendo la comida a lo largo del día, podemos satisfacer esta necesidad fundamental. Es una causa frecuente de enfermedades conductuales que, por fortuna, son fáciles de reparar una vez descubierto su origen. Por ejemplo, Coquin, un hermoso gato negro europeo, acudió a mi consulta con una grave pérdida de pelo en el vientre y la parte posterior de los muslos, lo que llamamos alopecia felina extensa. Por lo demás, era un gato apacible bastante tripón. Su sobrepeso no sugería que le faltase comida, ¡nada de eso!

A Coquin lo había visto su veterinario, quien lo derivó a un especialista en dermatología. Hay que decir que la causa más común de alopecia es la presencia de pulgas o una reacción alérgica a la propia saliva. En este caso, se hicieron todas las pruebas pertinentes y se descartó la presencia de parásitos, y cualquier infección bacteriológica o micosis. A menudo, es en este momento cuando se plantea la hipótesis conductual. Cuando observamos la piel de estos gatos con gafas de aumento, observaremos piel sana y la alopecia, una ausencia de pelo autoinfligida. El lamido compulsivo del gato ha provocado que el pelo desaparezca. El pelo es muy corto, cortado al ras, como si se lo hubieran cortado desde la base con unas tijeras muy afiladas. Las espinosas papilas gustativas de la lengua del gato han actuado como una escofina y han cortado el pelo por la base, en una secuencia de lamido compulsivo sin fin. Este lamido es una actividad sustitutiva y una importante señal de ansiedad. La bulimia es otra señal semejante. En Coquin, ambas actividades tenían consecuencias: un sobrepeso moderado y una alopecia mucho más grave. Por lo tanto, sufría un estado de ansiedad, pero aún debíamos comprender la causa. El trabajo de investigación etiológica siempre es un momento delicado y fascinante a la vez: nos introducimos en la cabeza de nuestros pacientes y, a veces, de las personas que los acompañan.

Alain y Jacqueline quieren mucho a Coquin y desean cuidarlo y que se sienta bien. Buscando el detalle que permitirá el clic, de pronto, descubro un punto crucial:

—¿Cómo alimentan a Coquin? —pregunté.

—Siempre hemos tenido animales, así que hacemos lo mismo.

—¿Las otras mascotas también eran gatos?

—Pues no, solo hemos tenido perros.

—¿Y cuántas veces le da de comer al día?

—Una, como siempre.

El objetivo no es señalar el error, sino comprender la causa del estado de ansiedad. Los gatos no son perritos —nunca se repetirá lo suficiente—, y Coquin es una prueba más de eso.

Vi a Coquin en mayo sin un pelo en el vientre, y lo vuelvo a ver en agosto con un precioso pelaje negro que ha cubierto bien todas las zonas afectadas por la calvicie. Además de reequilibrar su dieta, le di un nutracéutico muy eficaz para controlar la ansiedad. En casos como este, una vez identificada la causa, el camino hacia la recuperación es claro.

No debe olvidarse que, para favorecer su bienestar, el gato necesita comer muchas veces al día.

A veces el descubrimiento de la causa es más sutil, y también tiene la culpa el régimen alimenticio, pero el problema no lo causa el suministro, sino la naturaleza de los alimentos.

A algunos gatos les gusta la comida seca, como las croquetas. Otros prefieren la húmeda. Quien convive con un gato debe saber no solo lo que realmente necesita, sino también lo que le gusta.

Una colega se puso en contacto conmigo para hablarme de un gato de su clínica veterinaria, un gato doméstico como tantos otros. A menudo, una cara especial o una historia emotiva conmueve a los veterinarios. Biscotte se ganó su puesto en esa clínica después de que los bomberos lo llevaran con un ojo muy dañado y en mal estado fisiológico. Tras rehabilitarlo y extirparle el ojo, se creó un vínculo y Biscotte se instaló en la clínica, merodeando por todas partes. Incluso se convirtió en una estrella y se hizo amigo de todos los humanos y animales. Si un perro le ladra cuando pasa, lo evita pero nunca lo desprecia ni araña. Es un amor de gato. Solo tiene algunos defectos: roba todas las bolsas de croquetas a la venta. Al cabo de unas semanas, se le prohibió la entrada al almacén y a la sala de exposición. Por supuesto, tenía a su disposición tantas croquetas como quisiera, y de excelente calidad. Unas semanas más tarde, igual que Coquin, Biscotte empezó a lamerse el vientre hasta dejarlo sin pelo. Mi colega, una excelente veterinaria generalista, muy interesada en la dermatología y el comportamiento, barajó varias posibilidades. ¿Pulgas? Imposible. Una alergia a otro elemento se habría revertido con un tratamiento con corticosteroides, pero no dio resultado. Entonces, se consideró un déficit de autocontrol, como el síndrome HsHa, que puede convertir a los animales en ladrones y provocar un hambre insaciable. Eso le sorprendía un poco, porque Biscotte no presentaba los otros síntomas: ni carreras desenfrenadas ni hipersensibilidad. El gato no saltaba ni reaccionaba a todo. Dormía bien, con un aislamiento adecuado, y tenía un buen control de uñas y dientes…, excepto cuando se trataba de las famosas bolsas, que desgarraba todas aunque no se comiera el contenido. Como era de esperar, el tratamiento para la hiperactividad no mejoró la situación. La hipótesis de un estado de ansiedad, vinculado a la prohibición de acceso y, por tanto, a la modificación del biotopo, también fue una buena pista. El tratamiento y el enriquecimiento del entorno no mejoraron la situación. Biscotte continuaba siendo simpático y amable, pero había perdido el pelo del vientre y seguía abriendo cuantas bolsas caían en sus patas.

Siempre es difícil intervenir después de tantos intentos infructuosos; en cualquier caso, cuando mi colega me pidió ayuda, intenté comprender qué podía pasar por la cabeza del gato. Los bomberos lo rescataron y lo llevaron a la clínica, desconocemos su edad exacta, pero es posible que haya pasado algunas semanas en contacto con su madre. Las gatas, que no necesitan de nadie para conocer la dura tarea de ser a la vez presa y depredador, inculcan muchas cosas a sus gatitos: cómo cubrir sus huellas, cómo esconderse en lugares altos y también cómo cazar. Si se les presenta la oportunidad, cuando los gatitos tienen entre seis y siete semanas, la madre les lleva una presa muerta y, tres semanas más tarde, una viva. Familiarizarse con la presa y aprender las técnicas de caza forma parte de un intenso programa. A algunos gatitos se les ha enseñado esto, pero más adelante no encuentran nada que reemplace a la presa. La comida húmeda puede acercarse, pero las croquetas no satisfacen su necesidad más profunda. Lo que me puso sobre aviso fue el hecho de que a este gato le apasionaban las muestras de sangre. No es un síntoma clásico, porque un gato no suele vivir en un entorno en el que estén presentes, pero Biscotte era el gato de una clínica veterinaria. De repente, el síntoma de abrir bolsas sin comer su contenido podía adquirir sentido. Pensamos que necesitábamos reforzar nuestro trabajo de empatía con el gato. ¿Qué podía haber motivado su comportamiento con las bolsas de croquetas? Una vez abierta la bolsa, podría haber comido muchas croquetas, que es lo que haría un gato hiperactivo. Biscotte, en cambio, abría otra bolsa. Esto nos llevó a pensar que lo que realmente le faltaba a este gato era acceso a comida húmeda, que podía asemejarse más al aspecto de la presa que las croquetas. Mi colega y yo decidimos darle comida húmeda siete u ocho veces al día, lo más parecida posible a sus gustos, al tiempo que le administrábamos una dosis elevada de un producto ansiolítico, derivado de la leche. Al cabo de unas semanas de este doble tratamiento, con comida húmeda frecuente y nutracéuticos, recibí una llamada telefónica: Biscotte había dejado de lamerse y su pelaje empezaba a crecer de nuevo.

La alimentación de un gato es esencial en todos sus aspectos, y no se trata solo del el área de alimentación), sino sobre todo, de la frecuencia de las comidas y, a veces, como en este caso, de la naturaleza del propio alimento.

El área de evacuación: exigencia de pulcritud

¡Ah! ¡Los gatos y su justificada fama de limpios! Cualquiera que haya acogido a un perrito o gatito de ocho semanas, la edad mínima legal para la adopción, conoce la diferencia. Si con un perro aún te quedan dos o tres meses de trabajo para enseñarle a ser limpio, hay muchas posibilidades de que te «entreguen» a tu gatito ya limpio. ¿Por qué? ¿Por qué aprenden tan rápido?

El máximo aprendizaje que alcanzarán los perros, una especie social, consiste en no hacer sus necesidades en la zona donde duermen y a utilizar letrinas, un espacio donde el grupo se exonera para evitar que se ensucie el resto.

En el caso de los gatos, como vimos en el programa *Le Monde de Jamy*, dedicado a los primeros meses de vida, la madre hace que el aprendizaje sea activo e intencionado.[8] Enseña a los gatitos a encontrar el lugar adecuado, escarbar y, luego, enterrar, descomponiendo la secuencia y comprobando que tiene la atención de todos sus pequeños alumnos. Es algo que nos revelaron con claridad las imágenes grabadas día y noche en la habitación donde la gata criaba a sus gatitos. El aprendizaje por imitación no se produce casualmente, y las madres, al menos esta, dan «lecciones» en los momentos en que les interesan a los gatitos: lecciones de cómo usar el arenero, lecciones de autocontrol, lecciones de acicalamiento, lecciones de escalada; todo lo que necesita un animal de presa para escapar de sus posibles agresores.

En lo que respecta al arenero, debe tenerse en cuenta que aquí hablamos de excreción y no de marcaje (véase la p. 61). Ya hemos diferenciado estos dos comportamientos. Utilizaremos la misma llave para abrir la puerta de la comprensión. El gato es una presa vulnerable cuando hace sus necesidades, y sus excrementos pueden delatarlo ante los depredadores. Así que resulta vital que los cubra con cuidado y se asegure de dejar el menor número posible de rastros olfativos. Por eso, si observan a un gato, comprobaran que primero elige el lugar de excreción, a veces olfateando durante un rato largo, luego escarba en el sitio elegido, se da la vuelta, se agacha, evacúa en el huequecillo que ha formado, y vuelve a darse la vuelta. Cubrir, oler otra vez; a menudo, no es satisfactorio, y el gato añade una capa de arena y, luego, se aleja. Esta es la secuencia normal de excreción. Existen muchas variaciones, dependiendo de la personalidad de cada animal. Algunos gatos son muy meticulosos, otros mucho más descuidados, y un trastorno del comportamiento puede alterar de manera significativa la secuencia de excreción. No cuesta imaginar que nuestro amigo hiperactivo no va a prestar mucha atención al modo de cubrir sus excrementos. Saltará a su arenero, hará sus necesidades en un abrir y cerrar de ojos y escarbará con tanta intensidad como ineficacia, es decir, sin cubrir sus heces, pero poniéndolo todo perdido de arena. Después saldrá corriendo. En cambio, los gatos con trastorno de ansiedad fóbica no tolerarán que su caja se ensucie de ninguna manera.

Hay tantas formas de excreción como gatos, pero unas pocas reglas pueden ayudarnos a ofrecer a nuestros felinos la mejor área de evacuación posible. Puede parecer trivial centrarse tanto en el arenero, pero, cuando comprendemos lo importante que es para el gato la calidad de su área de evacuación, resulta útil ser conscientes de todos los elementos que pueden obstaculizar al animal y, por lo tanto, desencadenar una excreción inapropiada e indeseable fuera del arenero. En estos casos, el gato elegirá un espacio a propósito, un lugar suelto que pueda rascar y tapar: las macetas, pero también la cama y su edredón serán sus sustitutos favoritos, para disgusto de los dueños.

El arenero

Para ser eficaz, debe cumplir unos sencillos requisitos, centrados en cuatro características principales.

- **El recipiente:** es un hecho que nuestros gatos han aumentado de tamaño en las últimas décadas. La moda de ciertas razas gigantes —el gato de los bosques noruegos y el *Maine coon*, por supuesto— ha hecho que el peso promedio de los gatos pase de los tres kilos y medio de hace veinte años a los casi cinco kilos de la actualidad. Sin embargo, los areneros estándar del mercado no han cambiado, y eso es un error. Un arenero de buena calidad debería medir aproximadamente una vez y media el tamaño del gato, desde la punta de la nariz hasta la base de la cola. El gato debería poder darse la vuelta dentro y arañar. Muchas de las malas prácticas fecales están relacionadas con un tamaño inadecuado del arenero.

- **El contenido:** el sustrato es esencial para el gato y depende de a qué se ha acostumbrado durante su desarrollo. Gracias al trabajo de una estudiante de la diplomatura de Psiquiatría Veterinaria, podemos afirmar que la mayoría de los gatos prefiere arenas minerales.[9] Por su parte, cada gato tiene una arena preferida y los dueños deben conocer la arena favorita de su gato. En caso de duda, es una buena idea elegir una arena con la granulometría más fina posible. A los gatos les encanta la tierra muy fina, y esto explica que las macetas sean una segunda opción perfectamente aceptable. Añadir bolas grandes vegetales suele bastar para que dejen de utilizarlas.
- **La ubicación:** ni cerca de la comida ni cerca del área de dormir. El arenero debe estar situado en un lugar tranquilo, siempre accesible y donde el gato esté seguro de poder arriesgarse a ser vulnerable, sin amenazas ni molestias. A menudo nos encontramos con situaciones de suciedad relacionadas con una mala ubicación del arenero. Colocar la bandeja en el cuarto de baño puede ser una solución, siempre que se deje la puerta abierta o se cree un acceso para el gato (una simple gatera, por ejemplo). Aunque el gato se lleve muy bien con el perro, es posible que no quiera compartir esos momentos. Brutus, un bóxer joven y sim-

pático, siempre acompañaba a Melody cuando ella iba a su caja y le soplaba en el pelaje mientras estaba en cuclillas. Los dos pasaban el día jugando y tenían una relación armoniosa, pero en ese momento ella no quería jugar, solo hacer sus necesidades en paz. El perro tenía prohibido el dormitorio, así que Melody eligió la cama de las personas para poder hacer sus necesidades con tranquilidad, y cubría cuidadosamente la orina y los excrementos en los pliegues de las sábanas. Cuando todo el mundo pensaba que sería imposible vivir con los dos animales juntos, bastó con convertir en santuario la habitación donde estaba el arenero para resolver la situación.

- **La ubicación:** tiene que ser fija. Esto parece obvio, pero a veces nos llevamos sorpresas. Traté a un grupo de gatos por falta de limpieza (y agresividad intraespecífica) que tenían nombres de filósofos y, aunque no recuerdo el de dos de ellos, la relación problemática era entre Platón y Sócrates, por muy amigos que ambas figuras hayan sido en la realidad. Platón era un gato joven muy intrusivo y a Sócrates, un gato mayor, no le gustaba nada que lo molestaran. Platón era muy juguetón y se escondía, corría hacia los otros gatos y luego se paraba a pocos centímetros de ellos. Los otros dos, muy estables, lo miraban sin reaccionar, despreciando tanto su amenaza como su invitación a jugar, y seguían su camino. Sócrates, por su parte, siseaba al cachorro impertinente, pero la situación no iba a más. Por un exceso de buena voluntad, los dueños, que se habían dado cuenta de que a Sócrates le gustaba mucho el calor, movieron las cestas de descanso para que siguieran el curso del sol. Advertidos de que no debían tener el arenero junto a la cesta, a veces lo trasladaban a otra habitación. Aunque estemos lejos de vivir como gatos, imagínense entrar en una habitación que un día es una sala de estar y otro el retrete. Esta amable atención fue la gota que colmó el vaso: el estado de ansiedad de Platón se deterioró, las agresiones por irritación aumentaron en frecuencia e intensidad y provocaron respuestas de Platón. Tuvimos que restablecer la armonía y la estabilidad del biotopo, asignando un lugar invariable a los distintos areneros (había tres para cuatro gatos, un poco menos que la, en este caso inaplicable, regla de oro: un arenero más que el número de gatos) y haciendo frente a la ansiedad de Sócrates y a la impulsividad de Platón. Al cabo de unas semanas, no sé si habían reanudado sus diálogos (como veremos, los gatos no están muy dotados para la reconciliación), pero la paz había vuelto a la casa.

Limpieza

Al estudiar los síntomas y causas de la enfermedad de un gato, preguntar por la limpieza siempre resulta muy delicado, porque cada cual tiene su propia idea de la higiene y soporta mal que lo acusen de no prestar suficiente atención a la limpieza.

Algunas de las respuestas nos preocupan:

—Claro, limpio el arenero con mucha regularidad.

—¡Sí! ¿Y qué más?

Limpiar el arenero una vez al año también es limpiarlo con regularidad, pero esta frecuencia no es suficiente para los gatos, como tampoco lo es una vez al mes. En este libro no nos cansaremos de repetirlo: cada gato es único, y esto es aún más cierto que en el caso de los perros. No obstante, podemos dar algunas pautas generales para la limpieza del arenero. Las heces deben retirarse lo antes posible tras su expulsión, y, al menos, una vez al día.

Un sagaz estudio ha demostrado que los gatos son sensibles no solo al olor de su arenero, sino también a la vista de los excrementos. Los investigadores colocaron pequeñas heces de plástico en los areneros, es decir, las imitaciones no olían pero reproducían a la perfección los deshechos de otro gato. Pues bien, el cincuenta por ciento de los gatos no utilizó la caja cuando vio lo que podrían ser heces de otro gato.[10]

Hay que cambiar toda la arena una vez a la semana. Seguro que conoce a algún gato, cuya bandeja sanitaria solo se cambia cada tres semanas y se mantiene limpia. Aquí hablamos de casos en los que la excreción se vuelve indeseable, se produce fuera del arenero y nosotros buscamos restablecer un protocolo estándar mínimo, eficaz, para recuperar el comportamiento de limpieza.

Quedan muchas preguntas por responder: ¿el arenero debe estar abierto o cerrado? Un equipo estadounidense ha intentado responder a esta pregunta y ha demostrado que es indiferente si se utiliza un protocolo de limpieza estándar.[11] ¡Muy bien! Pero no coincide con la vida real. En la vida real, cuando un arenero está cerrado, el dueño no ve los excrementos y no se da cuenta del estado de la bandeja. Por lo tanto, es mucho menos probable que retire los excrementos y limpie la arena con la regularidad deseada. Entiendo perfectamente por qué muchos dueños no quieren tener delante una caja de arena abierta. Mi consejo es sencillo: si se opta por una caja cerrada, se debe seguir un programa de limpieza muy preciso y sistemático. Es fundamental acordarse de levantar la tapa y mirar si hay heces en el arenero. Si esto se hace con rigurosidad, hay muchas posibilidades de que el grado de limpieza sea totalmente satisfactorio para un gato.

Las excreciones indeseables son uno de los principales motivos de consulta en patología conductual felina. Aunque, a veces, no sea muy glamuroso y algunos consideren un poco decepcionante pasar tanto tiempo comprendiendo y construyendo un área de evacuación que se adapte al gato, es una condición importante para una convivencia armoniosa. Siguiendo unas sencillas reglas, podemos reducir el riesgo de excreción indeseable en el hogar en más de un cincuenta por ciento. Nunca olvido que esta es una de las principales causas de abandono de nuestros gatos domésticos.

Área de actividades: al acecho

Hemos separado arbitrariamente las actividades solitarias y las interacciones, porque es una bifurcación importante que adquiere sentido cuando nos interesamos por el repertorio conductual del gato.

Una vez cumplidas las funciones principales y satisfecha la necesidad de protección, el gato puede inventarse su propia vida, y sus recursos son casi infinitos. En condiciones de seguridad, se dedicará a observar durante mucho rato por la ventana o incluso por dentro de la casa, refugiado en una hamaca para gatos o en una caja de zapatos.

¡Por supuesto, sobre todo cazará!

Cuando hablamos de esa naturaleza profunda como presa y depredador, no es una simple entelequia. Mientras que los perros son mucho más oportunistas, más carroñeros, y se conforman con presas muertas cuando pueden evitar la caza, los gatos buscan siempre ejercitar su talento depredador. También Michinito, tu simpático gatito doméstico, lo necesita. Ya hemos visto que puede perseguir las manos o los pies de las personas que viven con él si no hay nada más en su entorno que le permita dar rienda suelta su instinto. En cuanto tenga la oportunidad, ya sea sobre los señuelos que se le ofrezcan o sobre presas reales, el gato pasará una cantidad considerable de tiempo al acecho y cazando.

Da igual que sean unas croquetas en un Pipolino© o comida esparcida por toda la casa o, incluso, pequeñas presas que el gato acechará, lo importante es que pueda dedicar tiempo suficiente a esta actividad crucial.

En la inmensa mayoría de los casos, la observación y los juegos solitarios son actividades conexas, preparatorias o consecutivas de la acción de caza.

En lo referente a los gatos que tienen acceso al exterior, algunos programas han tenido un gran éxito equipando a los gatos con GPS, lo que ha demostrado que los gatos que pueden salir al exterior cubren una superficie media de siete mil metros cuadrados. Numerosos estudios científicos han establecido una correlación entre la densidad urbana y la superficie utilizada, pero de media, una gata se aleja veinticinco metros de casa y un gato cien metros.

Esta habilidad para la caza también plantea la cuestión del impacto de los gatos en la biodiversidad. A muchas personas les gustaría impedir que los gatos salgan al exterior para no perjudicar a otras especies, casi tantas como las que consideran que no dejar salir a un gato equivale a maltratarlo. Ambas actitudes son exageradas. Basándonos en verdades australianas, el gato se convertiría en el culpable designado de los perjuicios a especies salvajes. Conviene recordar que en Australia el gato no es un carnívoro autóctono y que ha puesto en peligro a numerosas especies de pequeños marsupiales, indefensos ante este formidable cazador. En Francia, un estudio del Museo de Historia Natural (MHN) demostró, gracias a la colaboración de investigadores y dueños de gatos, que las presas eran muy diversas y que ninguna especie peligraba por culpa de los gatos. Los estudios realizados en todo el mundo van más o menos en la misma línea y demuestran que el impacto puede ser importante, pero dentro de un perímetro muy restringido alrededor del hábitat del gato.[12]

Área de interacciones: una moderada necesidad

En la cúspide de la pirámide de Maslow gatuna se encuentran las interacciones y relaciones con otros seres vivos. Dedicaremos todo el próximo capítulo a esto, porque es crucial en la patología del comportamiento felino. Después de la ya mencionada suciedad esta es la segunda queja más común de los dueños. Para los gatos, relacionarse no es obligatorio, y si le causa sufrimiento o incomodidad, es una fuente no desdeñable de comportamientos inconvenientes y estados patológicos.

Lo cierto es, como explicaremos, que estas interacciones no se producen en cualquier sitio. Como son superfluas, tienen que estar bien preparadas, ser predecibles y siempre positivas. Lo hacemos sin pensar, pero si queremos que la relación con nuestros gatos vaya bien, ¡es mejor concertar una cita! Las relaciones con los demás individuos son una fuente de gran placer cuando el apego y el respeto aparecen en la cita, aunque cuando el encuentro incluye otros de su propia especie, pueden generar enormes tensiones en la vida de un gato. Insistimos en que no es una especie social, pero tampoco tiene un deseo absoluto de soledad. De hecho, este punto lo aleja de la definición de especie territorial: hay ámbitos que los gatos están dispuestos a compartir, o incluso en los que buscan la compañía de otros individuos con los que participar en actividades comunes. Esto no ocurre en todas partes ni todo el tiempo, y es origen de muchos malentendidos entre los gatos y quienes conviven con ellos, ya sean humanos o perros, para quienes la convivencia constante es más una necesidad que un calvario.

Diseñador de interiores para gatos

Así que aquí estamos, armados con la capacidad de dibujar un mapa del espacio vital que ofrecemos a nuestros felinos domésticos; y cada dueño de gato puede presentar su propio mapa de

Tendre* de la comprensión felina. Debemos comprender la importancia de las áreas dedicadas a la seguridad de la presa (aislamiento, alimentación, excreción) y que su armonía contribuye a la posibilidad de desarrollar otras actividades, solitarias o no.

Si me he explicado bien hasta ahora, el lector ya sabe que los gatos no tienen en mente una noción de propiedad o reino, sino una necesidad de protección y una búsqueda de armonía. Es obvio, pues, que están en sintonía con una época en la que el *cocooning* ya era un valor emblemático, incluso antes de la pandemia.

Caminos hacia las áreas: trayectos ritualizados

Ahora ya tienen esa nueva clave y miran a su gato con otros ojos, comprenden lo importante que es organizar su espacio vital. Pero las personas no vivimos en el mismo mundo sensorial que los gatos, así que lo primero es olvidar quiénes somos y observar con atención cómo se mueve un gato de una habitación a otra, de una zona a otra.

¿Lo han mirado? ¿Lo han visto?

Si han observado bien a su gato, se habrán dado cuenta de que siempre sigue los mismos caminos, incluso dentro de un piso. Pueden variar, pero mínimamente. Suelo citar el ejemplo de dos gatas con las que vivía —el lector ya las conoce, Chiquita (madre) y Hermione (hija)—. Vivían en nuestra casa con acceso ilimitado al mundo exterior, y solíamos verlas entrar a la hora de comer por las ventanas de la cocina. Chiquita siempre accedía a la casa por la ventana de encima del fregadero, mientras que Hermione elegía la situada sobre la encimera. Lo he comprobado muchas veces y contado en multitud de ocasiones en conferencias. Un día, después de una conferencia en la que había vuelto a utilizar este ejemplo, llegué a casa, me tomé un

* El mapa de Tendre fue un mapa francés de una tierra imaginaria llamada Tendre elaborado por varias autores. *(N. de la T.)*

café en la cocina y las vi a las dos utilizar el camino de la otra. Por un momento pensé que lo habían hecho deliberadamente, pero luego recordé que hacer una afirmación general sobre los gatos, e incluso hacer una afirmación general sobre un gato («¡el mío siempre hace eso!»), es exponerse a que el animal lo desmienta rotundamente.

Esto no impide que nos esforcemos por comprender y, por lo tanto, identificar los rasgos principales que nos permiten precisar la personalidad y las vulnerabilidades de cada gato.

Un cliente, fan de Tarantino, tiene dos gatos: M. Black y M. White. Este último tiene muy desarrollado el instinto de presa y organiza su hábitat con mucha prudencia, por lo que ha elegido un área de aislamiento elevada; su área de evacuación debe estar impecable y necesita que su alimentación se ajuste a pautas regulares y conocerla muy bien. Desarrolla una gran actividad en solitario, con pocas interacciones, escogidas y frágiles. En cambio, M. Black, que se considera mucho más depredador que presa, invade todo el espacio del que dispone; tiene varios lugares de descanso, tolera un arenero ligeramente sucio, come muchos alimentos diferentes y, en particular, le encanta la fruta. Caza cualquier cosa que se parezca remotamente a una presa, incluidos cordeles y bolitas de aluminio. Es un compañero agradable, a veces incluso intrusivo, que parece apreciar el contacto y a menudo lo pide. Si estos dos gatos resultan caricaturescos, el lector ya se habrá dado cuenta de todos los matices, no solo del gris, sino también de colores, que existen entre los dos y que proporcionan una infinidad de personalidades. En cualquier caso, la inmensa mayoría de los gatos utiliza siempre las mismas vías de circulación. Un amigo que había iniciado un pequeño programa de cría de gatos sagrados de Birmania construyó un recinto bastante grande en su jardín. Al cabo de unos meses, se crearon senderos que indicaban caminos (algunos comunes, otros específicos de ciertos gatos) que formaban una red y unía las diferentes áreas de todos los gatos, lo que les permitía organizar este espacio en otros tantos biotopos personales. Esto se debe a otra característica de los gatos: no viven en el mismo mundo sensorial que nosotros.

Organización olfativa: en el reino de las feromonas

Su olfato está muy desarrollado, pero la diferencia con respecto a nosotros no es solo cuantitativa, sino también cualitativa: tienen una habilidad más. Todos comparten una característica que nos es ajena: su capacidad permanente para detectar y utilizar feromonas con las que delimitar su territorio y organizar sus relaciones.

Los dos sistemas olfativos del gato

El sistema olfativo principal se parece al nuestro en estructura, salvo que es mucho más eficaz, con cinco veces más superficie y diez veces más receptores. El gato utiliza este sentido tan agudo para decidir si la comida que se le presenta es comestible o no, lo que explica por qué el apetito de un gato disminuye y su capacidad para comer desaparece cuando sufre rinitis o coriza. Un pequeño consejo: en estos casos, conviene limpiar cuidadosamente la nariz del gato con agua tibia o con un producto destinado a este fin, justo antes de presentarle su comida. El olfato es un sentido importante en su vida.

El sistema olfativo accesorio se dedica a la percepción de feromonas. Se trata de un ámbito misterioso sobre el que aún no hay nada claro, pero ya he tenido ocasión de explicar la importancia de estas moléculas en las primeras fases del apego.[13] Las apaisinas o feromonas calmantes existen en todas las especies, intervienen en el reconocimiento de la madre y permiten al lactante establecer un vínculo e identificarse con su especie a partir de esta relación privilegiada.

De igual forma, todos estamos más o menos familiarizados con el poder de las feromonas sexuales que inducen preferencias, atracciones y una predisposición a la acción que, en principio, nuestro córtex siempre nos permite controlar, como ocurre en la mayoría de los mamíferos. En los gatos, las feromonas tienen otra dimensión: ¡los gatos producen y detectan muchas! Disponen de un complejo facial de feromonas que produce estas sustancias y se ubica en sus mejillas, en el trayecto entre la comisura de los labios y la base de la oreja.

En este complejo se han aislado cinco (¡otra vez cinco!) fracciones, llamadas desde F1 a F5. Cuando hablamos de misterio, no se trata solo de una alusión poética: por el momento, desconocemos las acciones de F1 y F5, pero sabemos algo más de las otras tres.

Señalización positiva

F3 es la fracción que más nos interesa. Es la feromona que familiariza al animal con el entorno y los objetos inanimados. Es lo que los gatos dejan cuando frotan la cara —como habrán visto que hacen con mayor o menor frecuencia según los individuos— al pasar por una puerta, en la pata de una silla, contra una mesa. Estas marcas dicen «estoy en un lugar seguro», y encontrarlas desencadena un estado emocional positivo en el gato. Por eso, limpiar la casa demasiado a menudo les hace un flaco favor, y a veces vemos una competición entre la «brigada de limpieza» y el gato. Recuerdo una casa preciosa, donde vivía una familia con un gusto minimalista por unos muebles italianos de gran belleza. Incluso la cocina era como en los anuncios, un espejo entre alicatado y frentes lacados. Esta cocina era una de las pocas habitaciones a las que el gato tenía acceso y, confinado entre el desván y la cocina, había adquirido la muy mala costumbre a ojos de los dueños de hacer el marcaje urinario en los muebles. Pero estas paredes se lustraban a diario, y el gato nunca encontraba allí sus marcas: no era ilógico que dejara otras menos agradables. Poco a poco, aprendimos que existía una correlación bastante estrecha entre el marcaje facial tranquilizador y el marcaje urinario, mucho más ansiógeno. Es necesario que desaparezca el setenta por ciento de las marcas faciales para que aparezca el marcaje con orina ansioso. Por eso, si un gato ha empezado a marcar el territorio con orina (ya nos hemos referido a la secuencia) significa que no ha podido dejar marcas faciales tranquilizadoras durante mucho tiempo.

La única vez que un gato se frota las mejillas en una zona para luego darse la vuelta y depositar una marca de orina es cuando hace marcaje sexual y, en este caso, deposita F2.

Pero marcar el entorno con F3 previene el marcaje urinario, y utilizamos este principio cuando empleamos difusores con el análogo sintético de la fracción F3. En 1996 ocurrió la histórica aparición del primero de estos productos y ahora disponemos de no menos de tres, todos ellos con el mismo análogo sintético de esa fracción.

Luego está la fracción F4: también tiene un significado positivo de reconocimiento, pero se deposita en los individuos: hablamos de alomarcaje (marcar al otro). Sí, no se equivocan: cuando Mistigri se frota contra usted, es un marcaje, si no de amor, al menos de reconocimiento de una relación positiva en la que no tiene nada que temer. Después de eso, ¡todo es posible! De usted depende crear los rituales y encuentros que conviertan esta declaración de paz en una declaración de amor.

Las marcas del gato no se limitan al complejo facial de feromonas.

Otros sistemas de marcaje

Los arañazos también tienen un significado preciso: en estado salvaje, señalan la zona de aislamiento. La mayoría de las veces son verticales y combinan al menos una señal olfativa, que el gato deja a través de las glándulas sudoríparas interdigitales liberando feromonas de esparcimiento, y una señal visual (los arañazos). Esto indica que tiene esa zona reservada.

Incluso en un espacio cerrado, como puede ser un pequeño estudio parisino, no es raro que el gato «se afile las uñas» junto a su principal área de descanso. Cuando hablamos de la cama, suele arañar por debajo y nadie se molesta. Ahora bien, si ha elegido el sofá como área principal de aislamiento, entonces, a los dueños no les hará mucha gracia el mensaje y pueden responder con mano dura. La ansiedad del gato castigado crece, lo que fomenta que haga cada vez más arañazos o, peor aún, la aparición de marcas de orina: esto deteriora aún más la relación, los dueños vuelven a castigar, reñir o amenazar al gato, y comienza un círculo vicioso.

No me canso de repetir este importantísimo mensaje: las sanciones y los castigos físicos (es decir, cualquier cosa que haga daño o asuste) deben evitarse en los gatos: nunca resuelven el problema y, muy a menudo, lo empeoran.

El ya mencionado marcaje urinario es el último marcaje específico que estudiamos en los gatos: en nuestras consultas, evaluar estos marcajes, su distribución y su equilibrio nos permite obtener un perfil conductual y emocional del gato.

El marcaje con orina, de secuencia muy precisa, puede ser reactivo. En estos casos, como su nombre indica, no significa un estado patológico sino una reacción dinámica a, por ejemplo, la presencia de un objeto nuevo en la casa. Tomemos el caso clásico de la bolsa de deporte o las zapatillas del novio, que no vive en casa pero pasa de vez en cuando, a veces de camino a la suya, después de hacer ejercicio. Ahora que ya conocemos cómo funcionan los gatos, podemos entender las distintas opciones que tienen a su disposición. Si se trata de un gato muy equilibrado, en un entorno que ha podido organizar a su antojo, una marca facial permitirá sin duda depositar F3 y volver el objeto inofensivo. En cambio, si por una razón propia del gato (estado emocional inestable), del entorno (menos organizado) o del objeto (olores pronunciados), la marca facial no basta, quizá aparezca el marcaje urinario. Una vez más, si esto es excepcional y solo ocurre en circunstancias concretas y explicables, no indica el inicio de una patología. En cambio, cuando esta secuencia aparece después de que haya desaparecido todo marcaje facial, deben saltar las alarmas.

El marcaje con orina va acompañado de olores familiares para el gato, y de feromonas de alarma que inquietarán a los posibles intrusos, pero también se volverán contra el emisor, cuyo estado emocional puede empeorar al olfatearlas. Este último término no es del todo exacto: aunque ya hemos visto la fisiología de la producción de feromonas, aún no nos hemos ocupado de la detección. Un órgano específico, llamado órgano vomeronasal u órgano de Jacobson, se dedica a la percepción de estas sustancias. Está vinculado al sistema límbico y, por lo tanto al centro de las emociones, a través de las vías olfativas accesorias. De manera que las feromonas pueden inducir un estado emocional (calmado si son F3 o F4, inquieto si son feromonas de alarma o compasivo y motivado si son feromonas de adopción) sin pasar por el filtro cortical, es decir, sin evocación consciente en la mente del receptor. Por eso las feromonas tienen una reputación diabólica: inducen comportamientos sin que el individuo lo sepa. Conviene recordar que, si bien esto es cierto en los insectos (como hoy sabemos), en los mamíferos y, *a fortiori* en los seres humanos, el córtex tiene la iniciativa y censurará las acciones indeseables. En los seres humanos, la presencia del órgano vomeronasal en la edad adulta es muy controvertida, aunque ahora parece aceptarse, con algunas diferencias fundamentales (entre ellas, la ausencia de un bulbo olfatorio accesorio).[14] Según algunos estudios, solo el seis por ciento de nosotros conserva un órgano de Jacobson funcional a medida que envejecemos. Según otros, ciertas células gustativas toman el relevo y son capaces de detectar feromonas, que pueden así tener su efecto.

Nadie duda de su persistencia en los gatos, y si ha observado a su gato, seguro que lo habrá visto hacer este movimiento particular: la boca entreabierta, los ojos entrecerrados y la lengua con un ligero movimiento vertical. Se llama reflejo de Flehmen. Los caballos hacen un movimiento mucho más espectacular, curvando el labio superior, y cuando los perros machos chasquean la lengua al olfatear la orina de una hembra en celo, hablamos del mismo mecanismo. En los gatos, este discreto movimiento envía aire a la papila incisiva, situada justo detrás de la arcada dental, a la altura de los incisivos, que conduce al órgano de Jacobson.

En el caso del marcaje con orina, por tanto, las feromonas son de alarma, con la característica única de ser interespecíficas y de poder alertar a gatos, perros y humanos. Cuando un animal descarga sus glándulas anales, ricas en feromonas de alarma, en una consulta, aunque la limpieza sea rápida y minuciosa, suelen quedar feromonas indetectables que pueden cambiar el ambiente de las siguientes consultas sin que nadie se dé cuenta. Así pues, ya sabemos cómo construyen los gatos su entorno vital, que no es el nuestro ni el de nuestros perros, aunque compartamos el mismo espacio. Su mundo está organizado y delimitado. En cuanto esto se ve amenazado, pueden aparecer trastornos.

Caramel, víctima del confinamiento

Como tantos otros gatos, perros y humanos, Caramel no llevó bien el confinamiento y lo expresó a su manera felina.

Sin embargo, para él fue el comienzo de una nueva vida en la que podía salir con mucha más libertad. Hasta entonces, tenía que pedir permiso y esperar a que una persona le abriera la puerta. Pero justo antes del confinamiento, le construyeron una gatera. Estos nuevos materiales nos ayudan, a menudo, a arreglar situaciones en las que entra en juego el espacio vital. Por ejemplo, los ajustes permiten que solo entre un gato en una habitación. Esto puede resolver ciertos conflictos. En cuanto a controlar el acceso al exterior, estas gateras hacen lo que muchos padres sueñan para sus hijos adolescentes: se puede dejar que el gato entre y salga a su antojo, pero también programar para que entre a cualquier hora, y ya no pueda salir después de, por ejemplo, las once de la noche.

El motivo de nuestra consulta fue la falta de limpieza de Caramel. Cuando vino a verme tenía poco más de ocho años y hacía uno que empezó con los episodios, justo al inicio del primer confinamiento. Christine y Alain viven con su hijo Jean, de cinco años, y Caramel. Se mudaron cuando el gato tenía tres y medio.

Exploramos la secuencia y estábamos seguros de que se trataba de un marcaje urinario. Como el gato tenía un acceso mucho más libre al exterior, los amigos humanos de Caramel le sugirieron sacar fuera su área de evacuación, lo que aceptó sin dificultad. Retiraron el arenero: el gato antes lo utilizaba bien, y la suciedad solo aparecía si se había descuidado la limpieza; en esos casos, Caramel excretaba a veces justo al lado de la caja de arena.

Lo que nos describían era un marcaje urinario exacerbado. Christine veía a menudo cómo el gato realizaba esta secuencia en el exterior, donde no planteaba ningún problema, pero también en el interior, donde ella y su marido podían o sorprenderlo haciéndolo o encontrar los rastros secos que siguen a la secuencia de marcaje.

Además de la incomodidad de ensuciar la casa, su preocupación se debía a que nunca lo habían visto en posición de excretar, sino siempre de marcar.

Para nosotros esto puede sugerir poliaquiuria, es decir, ganas frecuentes de orinar pequeñas cantidades, un síntoma presente en ciertos trastornos urinarios como la cistitis.

Ya seamos veterinarios conductuales o psiquiatras conductuales, nunca podemos olvidar —y en los gatos aún menos que en los perros— la interrelación entre las enfermedades orgánicas y las del comportamiento. Incluso antes de venir a verme, Caramel pasó una consulta médica, con un análisis de orina que nos permitió descartar cualquier hipótesis orgánica. Así que tuvimos que investigar…

Al recordar que la micción es un momento de vulnerabilidad, que se debe producir en un lugar protegido, mientras que el marcaje es una forma de comunicación y debe ser claramente visible y audible, comprendimos por qué sus dueños solo lo veían marcar y no evacuar. Pero llegados a este punto…

¿Por qué este gato de ocho años había empezado, de repente, a marcar cada vez más intensamente y con menos control?

Las bolsas de la compra eran el objetivo, igual que los jerséis y los abrigos si los dejaban en el respaldo de una silla. Marcó en el pantalón de una visita, y la dueña de Caramel se llevó la desagradable sorpresa de recibir el chorro justo en la cara.

¿Entran en juego las relaciones? Caramel es muy cordial con todos los humanos de la casa, incluido el niño, con el que juega, aunque, según sus dueños, jugar no es su actividad favorita. Si el niño le enseña un señuelo en el extremo de una caña de pescar de juguete, le presta atención unos minutos, igual que al láser de bolsillo. Es cariñoso con sus dos dueños, y fue durante una sesión de mimos cuando marcó repentinamente a su dueña. En ese momento, estaban en el sofá, uno de sus objetivos favoritos.

Lo que hace complejo e interesante el caso de Caramel es su aparente incoherencia. Alain y Christine coinciden en que marca mucho con la cara objetos inanimados. En cambio, solo han encontrado un sitio donde araña: el árbol para gatos que hay junto a su área de descanso.

Mucho marcaje facial y de orina y un marcaje de arañazos sin cambios son una conjunción difícilmente posible salvo al principio de un desarrollo de ansiedad o en caso de marcaje sexual. Caramel llevaba castrado mucho tiempo, y el marcaje apareció hacía más de un año.

Varios factores pudieron contribuir a la aparición de la ansiedad; se debe decir que este gato tenía multitud de razones para manifestar un desequilibrio en su entorno vital:

- Al principio vivía en un piso con acceso muy limitado al exterior.
- Después nació el niño, lo que supuso un cambio radical en la gestión diaria del biotopo felino. Se prohibieron o vigilaron de cerca algunas habitaciones, se modificaron los accesos. Al margen de la aparición de un individuo desconocido, a veces ruidoso, la reorganización del espacio es, sobre todo, lo que perturba a los gatos después de un nacimiento.
- Luego vive en un chalé, donde necesitaba pedir permiso para poder salir.
- Y, al final, le dan muchísima libertad para salir al exterior cuando los humanos se ven obligados a confinarse.

Creemos tener una pista importante.

—¿Ven a Caramel con otros gatos fuera?

—Al principio, había varios, pero Caramel parecía querer cazarlos. Lo oímos resoplar, pero nunca pelearse.

—¿Y cómo fueron los distintos confinamientos?

—Estuvimos los dos (bueno, en realidad los tres) teletrabajando —responde Christine con una sonrisa—. Ha interactuado más con Jean, que ahora es su compañero de juegos.

Como se ve, los gatos son muy complejos, y es importante evitar proyectar en ellos nuestras estructuras y deseos. Estoy seguro de que Christine tenía razón y de que el gato disfrutó más jugando con su hijo. También creo que le gustó poder explorar, descubrir y marcar un nuevo territorio exterior, pero todo esto no fue fácil para la capacidad de adaptación de un gato que, aunque no es viejo, ya no es joven.

La base de su pirámide de Maslow, el equilibrio de su espacio vital y, sobre todo, su capacidad para organizarlo se vieron socavados por un doble desafío: integrar un nuevo territorio exterior, ya ocupado por otros gatos, y una parte del territorio de la casa, invadida por humanos que, normalmente, solo son transeúntes en horarios regulares y turnos previsibles, una ocupación tranquila y solitaria para el gato. Yo expresé asombro por la persistencia del marcaje facial en los objetos y no me sorprendió recibir un mensaje de Alain, unos días más tarde, que decía: «Lo hemos comprobado: en realidad, Caramel no frota la cabeza en las paredes. A veces hace el esbozo de un movimiento, arquea la espalda, pero no parece dejar nada».

De pronto, las cosas se volvieron más coherentes y sus palabras fueron la prueba de un estado de ansiedad que el gato había acumulado durante más de un año.

Reparar el biotopo

El diagnóstico de esta enfermedad conductual se inscribe en el campo de las biotopatías, cuyo significado etimológico es «sufrimiento relacionado con el biotopo, el espacio vital». Ya hemos mencionado la aplutobiopatía, que se da cuando la pobreza del entorno puede sacar a relucir la naturaleza depredadora del gato (capítulo 1, p. 19).

Aquí, en cambio, se trata de un entorno que se ha desarrollado mucho, que se ha enriquecido y complicado: hablamos de neobiotopatía, sufrimiento relacionado con las novedades del entorno. Puede tratarse de personas, cambios en el mobiliario o, incluso, un cambio de ritmo como el del confinamiento.

Las neobiotopatías con desórdenes urinarios como síntoma más destacado son frecuentes.

En un caso como este, elegir el psicofármaco adecuado no es lo más difícil. Un gato hipervigilante, cuyo síntoma principal es el marcaje con orina, requiere un tratamiento noradrenérgico (que actúa sobre la noradrenalina, uno de los principales neurotransmisores del cerebro), y, por supuesto, recetamos clomipramina a Caramel. Como ya habían colocado difusores de feromonas por todas partes, sin ningún efecto, los sustituimos por difusores de aromaterapia, que tienen un efecto calmante no solo para el gato, que es nuestro paciente, sino también para todos los miembros de la casa.

Lo más difícil es implementar una terapia conductual: entender sobre qué actuar y qué tendrá sentido.

Había algo fácil de hacer, y Christine, Alain y yo nos pusimos enseguida de acuerdo: los castigos debían terminar. Reconocen que al principio regañaban al gato y le enseñaban los rastros, pero se dieron cuenta de que era inútil y percibieron que podía empeorar las cosas.

Por mi parte, yo no controlo la epidemia ni los varios confinamientos: solo puedo esperar que acabe. Sin embargo, también establecimos periodos sin interacción con Caramel cuando todos están en casa.

Actuar sobre lo que sucede en el exterior es aún más difícil. Pero tenemos una pista. Cuando Caramel salía con menos libertad y frecuencia, no marcaba. La vida en libertad en el exterior es, sin duda, beneficiosa para la especie, pero a veces puede ser inquietante e incluso ansiógena para el individuo, que debe enfrentarse a muchos peligros. Reducir las salidas nocturnas de Caramel fue una medida de protección y no una restricción de libertad.

Solo quedaba recetar paciencia.

Comprender el significado de los marcajes

Cuando aceptamos un caso, pedimos un registro de los marcajes para poder evaluar cualquier posible reducción. Cuando la historia es antigua, cuando un caso es crónico, los dueños suelen estar comprensiblemente cansados, lo que puede hacerlos insensibles a los progresos. Medir y cuantificar ayuda a fomentar la aceptación y conseguir el tiempo necesario para reparar un problema pasajero.

Caramel está ahora en ese camino. De dos a cuatro marcajes al día hemos pasado a menos de uno a la semana: sigue siendo demasiado, pero estamos en vías de curación, después de tres meses de tratamiento. Parece más tranquilo, ha recuperado el control de su entorno, y ya no estamos confinados, sino de vacaciones…

Caramel no quiere ser dueño de su entorno, quiere sentirse bien, protegido, con momentos que compartir con personas y animales y oasis de silencio. Junto con Alain, Christine y Jean, intentamos darle lo que desea.

La armonía del biotopo que siente el gato es un elemento fundamental para comprender la especie felina. Nosotros pasamos mucho tiempo poniéndonos en su piel para comprobar que las distintas áreas existen y se respetan, y para que se satisfagan las exigencias etológicas de esta especie, con talentos contrarios y particulares. No olvidemos que los gatos no son pequeños burgueses.

Capítulo 3

Relaciones: ¿sí o no?

«El mayor regalo de un gato es depositar
su confianza en un hombre».
Charles Darwin

Nuestros gatos son animales de compañía. Al menos, así los clasifica la medicina veterinaria.

Las millones de historias felices entre gatos y personas ilustran esta definición. Hoy en día, el debate en torno a la naturaleza de la relación entre los seres humanos y sus gatos es a veces acalorado.

A mí me resulta sencillo. Los gatos se desarrollan a través del apego, como los perros y como nosotros, los humanos, pero también como tantos otros animales: delfines, monos, elefantes, cabras, loros... En todas las especies, el proceso de apego que vincula a las crías con la madre se basa en una estructura de ingeniería neuronal, hormonal y cerebral que permanece activa durante toda la vida, y permite a los individuos, en función del repertorio conductual de su especie, crear vínculos. Esto va desde la formación de una pareja estable hasta la posibilidad de entablar amistad con individuos de la propia especie o de otra, ya sean humanos u otros animales. Esto no tiene nada que ver con la sociabilidad, que se define por la necesidad de vivir en un grupo, con sus reglas, leyes, jerarquía y códigos. La relación que se entabla es dual, entre dos individuos que pueden ser de la misma especie (aunque, en el caso de los gatos, no siempre es lo más fácil) o con un individuo favorable y positivo, de otra especie, sobre todo, si ha desempeñado el rol de protector, cuidador o compañero de juegos. No hace falta ninguna otra construcción oscura o complicada para explicar la totalidad de la vida relacional y los trastornos que esta puede desencadenar.

Por supuesto, si pensamos que el emparejamiento madre-hijo sienta las bases de la relación social, entonces el gato se convierte en una especie social, pero esta interpretación no es satisfactoria. Mientras que la relación maternal es obligatoria, asimétrica, innata, no necesita aprendizaje y tiene las mismas secuencias en muchas especies, la relación social se basa en códigos de aprendizaje que difieren de una especie a otra e, incluso, en los distintos grupos de la misma especie.

Son una especie no social, presa y depredadora, que nace y crece en el apego, con unos mecanismos que persisten en la edad adulta y autorizan poderosos vínculos de filiación: estos son todos los elementos necesarios para comprender las relaciones de los gatos con todos los seres vivos que los rodean.

Por lo tanto, debemos explorar más a fondo la relación intraespecífica —de cada gato con otros gatos— para entender por qué, al final, puede ser más complicada que la que establece con individuos de otras especies. Recordar algunos puntos fundamentales de la etología felina nos ayudará a desentrañar el misterio.

Tabatha, la maga sin solución

Tabatha es una gata *ragdoll*. Los que estén familiarizados con el inglés sabrán que esto significa 'muñeca de trapo'. Estos gatos tienen fama de volverse blandos como muñecas de trapo cuando se los transporta.., lo que no ocurre con todos los gatos, ni siquiera con todos los *ragdolls*. Permítannos decir otra vez hasta qué punto asociar una raza a un comportamiento es tanto una falsedad científica como un riesgo para los futuros adoptantes y para los propios gatos. Por supuesto, puede haber algunas tendencias reforzadas por las fantasías de los entusiastas de las razas, pero pertenecer a una raza no predice el comportamiento de un individuo. En términos más científicos, la varianza dentro de una raza es siempre mayor que la diferencia entre las varianzas medias de dos razas.

Los *ragdolls* tienen fama de ser gatos muy sociables con perros, niños y gatos. Son grandes: los machos pueden pesar más de nueve kilos.

Tabatha pesa cinco y medio y llega a la consulta por suciedad. Vive con Chloé y Alain, y con Rêveuse, una perrita chihuahua con la que juega mucho.

Tras comprobar todas las circunstancias de su territorio surge una realidad terapéutica compleja. La gata presenta un comportamiento excretorio inadecuado en el sofá, donde la han visto agachada; un marcaje urinario puro, con la cola erguida, apuntando a una superficie vertical; e incluso una micción emocional: cuando se la regañaba, a veces se hacía pipí de miedo en el regazo de Alain. Al darse cuenta enseguida de la ineficacia de los castigos, los cuidadores de Tabatha dejaron de castigarla, lo que acabó con la excreción emocional, pero no afectó a los marcajes ni a la evacuación normal pero indeseable.

Por otra parte, su entorno vital parece bastante armonioso y se respetan las distintas áreas. Las marcas en los objetos inanimados no han desaparecido, las de los seres vivos están presentes y son significativas, y hay un pequeño número de arañazos. Solo la presencia de marcas y excreciones de orina en la cama o el sofá indica un estado patológico.

Además, el punto de partida de los primeros marcajes fue la aparición del primer «celo», la primera fase del estro, una causa habitual: el marcaje sexual es una forma clásica de comunicación en la mayoría de las especies.

Entonces se esterilizó a la gata con una ooforectomía que, en principio, resuelve todos los problemas de marcaje sexual.

Tabatha, sin embargo, siguió…

La investigación continuó con paciencia y minuciosidad. Cuando miramos con lupa la vida de un animal, de una gata en este caso, es muy raro no identificar puntos de mejora en su entorno.

Aconsejamos que el área de evacuación, arenero de Tabatha, se ajustase aún más a los criterios ideales. También observamos su predilección por la comida húmeda, lo que la ha llevado a dejar las croquetas que tiene a su disposición. En consecuencia, la frecuencia de sus comidas es probablemente insuficiente. Como ya hemos señalado, un gato, depredador de presas pequeñas e incapaz de pasar largos periodos comiendo y luego haciendo la digestión, hará de doce a quince comidas pequeñas cuando pueda. El caso de Coquin nos demostró que, a veces, una simple armonización de la distribución de los alimentos puede resolver un problema de conducta. Pero está claro que no es el problema de Tabatha. Una consulta es una investigación, un juego de pistas y, a veces, la respuesta se cristaliza en nosotros con una euforia sorprendente (como una revelación). De pronto, ¡la raíz del problema está clara! La gata está enamorada de sus cuidadores y no soporta su ausencia. En términos médicos, digamos que Tabatha sufre un apego ansioso y mal regulado.

La niebla se ha disipado poco a poco:

—¿Es Tabatha agresiva?

—Jamás, al contrario.

—¿Por qué «al contrario»?

—A veces parece que tenemos un perro: Tabatha nos sigue a todas partes y viene a saludarnos cuando llegamos.

—¿Y para descansar?

—Por la noche, si estamos los dos en el sofá, a menudo llega y se tumba entre nosotros.

—¿Duerme igual?

—Sí, se mete entre los dos —confirma Chloé.

—Pero no es su lugar favorito, lo que de verdad le encanta es dormir en sus brazos —añade Alain con una sonrisa, señalando a Chloé.

Un lugar de descanso, una zona de aislamiento compartida al extremo, como en este caso, nos incita a buscar signos de sufrimiento desencadenados por la separación. Son sutiles pero constantes en este gato. Por ejemplo, la pareja recordó un viaje de unos días en el que dejaron a la gata con una amiga. La amiga le dio de comer, pasó tiempo con ella y todo parecía haber ido bien. Sin embargo, Tabatha perdió algo de pelo entre las orejas y en el hocico y entre los ojos. La zona no estaba lampiña, pero la densidad del pelo había disminuido, señal bien de arañazos o de marcajes faciales inoportunos. Ahora sabemos que la frecuencia puede aumentar al inicio de un estado de ansiedad. En ausencia de sus seres de apego, podemos imaginar que Tabatha había intentado, con dificultad, mantener su equilibrio emocional multiplicando sus marcas faciales, pero no fue suficiente.

Te necesito

Cuando un animal adulto es incapaz de mantener el equilibrio si desaparece el sujeto de su relación de apego, el sufrimiento se vincula a su falta de autonomía. La capacidad de mantener la homeostasis sensorial en ausencia de los miembros del grupo es uno de los marcadores de la edad adulta. En las especies sociales, como los perros y los humanos, existen numerosos mecanismos de fisión-fusión para gestionar la distancia social. A veces necesitamos separarnos de nuestros seres queridos para luego volver a encontrarlos. Las charlas en vídeo organizadas durante los confinamientos eran una expresión de esta necesidad ineludible. Para las especies no sociales, como los gatos, no se trata de una necesidad de la especie, pero puede ser una necesidad individual.

Hoy llamamos autonomopatía[1] a la enfermedad del comportamiento marcada por esta incapacidad para equilibrarse en ausencia del ser de apego: esto indica que el sufrimiento (patía) está ligado a la falta de autonomía. Durante mucho tiempo, esta afección se llamó ansiedad de separación, y así siguen llamándose ciertos trastornos humanos o en algunos países anglosajones. De hecho, la primera publicación internacional que menciona la posibilidad de trastornos relacionados con la separación en gatos lleva este título.[2] Hemos optado por abandonar esta clasificación, tanto en gatos como en perros, para evitar el riesgo de confusión con la medicina humana y aportar precisión y claridad. No todos los animales que sufren autonomopatía están ansiosos: algunos solo presentan un estado fóbico, otros son ansiosos y otros se deprimen. Señalar la causa, la etiología, no debe implicar la definición del estado patológico: esta es una de las principales razones de nuestro cambio de nomenclatura.

Para Tabatha, por tanto, era necesario aumentar su grado de autonomía, algo que generalmente plantea pocos problemas en los gatos. Apostaría a que vamos a ver cada vez más casos de este tipo, pues el cambio en las condiciones de vida y la modificación en la forma de representar a los gatos están alterando su repertorio conductual y sus puntos vulnerables. Durante mucho tiempo, salvo para algunos artistas o alguna persona extravagante, el gato no fue más que una herramienta en la lucha contra las plagas, pero, desde entonces, hemos cambiado nuestra visión. Hoy en día, los gatos son bienvenidos en nuestras casas y pisos, y solo les pedimos que nos hagan compañía, que puede no ser nada pero también puede ser mucho para ellos.

Al fijarnos en la historia, cabe preguntarse si esto ha sido así desde hace mucho tiempo: la arqueología siempre arroja una luz muy esclarecedora. ¿De dónde procede el gato enterrado en la tumba de un chipriota adinerado, hacia el 9500 a. C., que descubrió el equipo de Jean-Denis Vigne?[3] Los gatos no eran nativos de esta isla, demasiado alejada de otras costas para que hubieran podido llegar por sus propios medios. Por tanto, los primeros colonizadores del lugar debieron llevarse consigo a este pequeño felino, en una época en la que el gato carecía de utilidad, aunque parecía tener un gran valor, al menos, para algunos.

Lo que entonces era sin duda una excentricidad se ha convertido en la norma, y reconocemos el valor de nuestros gatos como seres de apego, hasta el punto de haberlos convertido en Francia, repetimos una vez más, en nuestras primeras mascotas con mucha diferencia. Es normal que Tabatha necesite que sus seres queridos estén con ella, pero no soporta su ausencia y eso es un signo de patología.

¡Y tiene cura!

Para regular el apego y hacer que deje de causar estrés, instauramos lo que se conoce como terapia de citas; ya no se acepta todo contacto a petición del gato, sino que, varias veces al día, los «padres» de Tabatha le ofrecen mimos o participan en actividades con ella.

El inicio del tratamiento es complicado: rechazar el contacto agrava los síntomas durante un tiempo: es el curso clásico de la terapia. En este punto, confiamos en el tratamiento médico, los ansiolíticos, para ayudarnos a superar el bache. Funcionan bien con Tabatha, y, al cabo de seis semanas, vuelve a estar tranquila, juguetona y limpia.

Micciona siempre en la caja, cuya limpieza y ubicación se han optimizado. Para aquellos que piensen que esto, tal vez, hubiera sido suficiente y que no es necesario buscar causas complicadas y nombres extraños de enfermedades, la propia Tabatha proporcionó la confirmación de la raíz del trastorno cuando recayó, tras los primeros días de ausencia de las personas a las que estaba apegada.

Como hemos visto, los gatos no están preparados para vivir en sociedad, pero, en cambio, nutridos con la leche del apego, pueden establecer relaciones apasionadas, hasta el exceso e incluso la patología, cuando la ausencia crea sufrimiento.

Hoy Tabatha está mejor, pero sabemos que esta cuestión sigue siendo un posible punto de desequilibrio emocional, y cada ausencia se prepara y apoya ecológica, conductual y biológicamente. Ahora que su ansiedad ha desaparecido, tenemos la suerte de poder utilizar productos, como suplementos nutricionales, que evitan una recaída cuando se queda sola unos días en su hábitat.

Los veterinarios observan y predicen esta evolución: cada semana, vemos más gatos muy apegados (lo que está bien) y, a veces, hiperapegados; en este último caso, sabemos que una simple ausencia de fin de semana puede derivar en patología.

Y no lo olvidemos... Tabatha mostraba comportamientos indeseables como la suciedad, lo que llevó a sus dueños a buscar ayuda. Así pudimos descubrir el estado de ansiedad, trazar su origen y tratarlo, pero ¿qué habría pasado si su estado de ansiedad se hubiera inhibido en lugar de ser productivo, y si el síntoma principal, en lugar de la excreción indeseable, hubiera sido simplemente un lamido excesivo? Quizá nada... Muchos gatos sufren porque manifiestan su afección en silencio, lo que no permite que nadie sea consciente de su sufrimiento.

En resumen, los gatos pueden sufrir apegos ansiosos, y nunca lo hemos puesto en duda,[4] pero uno de los principales puntos de la patología del comportamiento felino, junto con los trastornos relacionados con el territorio (biotopatías) ya mencionados, es la dificultad para vivir y soportar unas relaciones que, a veces, padecen.

Todo se debe a la falta de una estructura social en la especie felina. Se han definido sociopatías en perros,[5] lo que a veces nos obliga a explicar las diferencias entre las sociopatías humanas y caninas. Las primeras implican psicosis, mientras que las segundas se refieren simplemente a la posible dificultad para establecer normas claras y reconfortantes en el seno de un grupo inte-respecífico. En ambos casos, hablamos de una especie que vive en sociedad, establece códigos y obedece normas, y esto puede ser más o menos fácil de aceptar para determinados individuos.

Con los gatos no hay nada de eso, ni jerarquía ni sociedad, sino una combinación de relaciones duales e interpersonales, que genera apaciguamiento, placer o, por el contrario, inquietud y, cuando las cosas empeoran, ansiedad o depresión.

Incluso antes de esos estados patológicos se da el caso de los gatitos conocidos como «gatitos de biberón», que han sido encontrados sin madre y se crían con biberón. Estos gatitos, en ocasiones, tienen un desarrollo muy complicado.

Luka: hacia rutas salvajes

Luka es uno de los casos que nos trajo la pandemia, característico no solo por ejemplificar las profundas raíces etológicas de nuestro felino doméstico y su cambio de estatus, sino también porque mis colegas generalistas reconocieron su patología conductual y, conscientes de la anomalía y la urgencia de la situación, no dudaron en remitirnos a este gatito de dos meses.

Cuando vi a Luka por primera vez, tenía dos meses y catorce días… Sin duda, ha pulverizado el récord de precocidad en mi ejercicio como especialista en tratamiento conductual.

Tengo mucho cariño a ese gato y a sus humanos, Lydie y Rémi. No hace mucho, habrían abandonado a este gatito, lo habrían devuelto a la calle, donde lo encontraron, o eutanasiado o se lo habrían quedado, a costa de un grave peligro para sus dueños. Ahora, todo el mundo intenta salvar la relación, preservar el vínculo cuidando de este pequeño gato con todos los medios a nuestro alcance, respetando su salud física y su bienestar.

La historia de Luka es conmovedora: en las calles casi desiertas producto del confinamiento, se oyen unos maulliditos lastimeros. Cuando Lydie mira, ve tres gatitos recién nacidos:

se cuida mucho de tocarlos o cogerlos, pensando que la madre puede venir a buscarlos, y es una decisión razonable. Preocupada por su suerte, vigila todo el día para ver si la madre recupera a los gatos. Cuando cae la noche y anuncian temperaturas bajo cero, Lydie decide ir a buscarlos y cuidarlos, segura de que no sobrevivirían al frío que se avecina.

A pesar de todo, dos de los tres gatitos murieron en las horas siguientes: solo Luka sobrevivió.

Lydie y Rémi lo cuidan siguiendo los consejos de su veterinario: lo alimentan con leche de fórmula de buena calidad y lo rodean de afecto, pero se sienten perdidos cuando, a medida que avanza su desarrollo psicomotor, Luka se vuelve cada vez más «agresivo», y, a menudo, les hace heridas.

Como todos los «padres», como cualquier persona responsable de una educación, Lydie y Rémi están convencidos de que se les ha escapado algo y de que son, en gran parte, culpables de los problemas de Luka.

Ahora tenía frente al diablillo…

Una energía demencial parecía recorrer este pequeño cuerpo. Durante la consulta, juega con todo lo que le cae en las patas: la hoja de papel que hay sobre el banco, los listones de la cortina, que hacen ruido cuando los toca y se esconde detrás. Durante las consultas, interactúo mucho con mis pacientes y, aunque defiendo el interés y la aportación complementaria de la telemedicina, no cabe duda de que este contacto directo es a la vez una valiosa fuente de información y un placer siempre renovado. Con Luka la diversión está asegurada. En cuanto juego con él, me percato de varias cosas: no me tiene miedo, ni a mí, ni a la interacción, ni al entorno, es muy activo, aún más receptivo, y no soporta ninguna coacción. En cuanto impido sus movimientos, levanta las orejas y lanza la zarpa a todo lo que pueda.

El momento más divertido —y también muy significativo— de la consulta es sin duda cuando confunde a Rémi con un árbol, trepa a los hombros, luego a la cabeza, y desde allí empieza a «atacar» las orejas, que no se mueven ni un milímetro… Es el momento de grabar la escena con fines pedagógicos; después interrumpimos a Luka, a quien no le hace ninguna gracia que le quiten su nuevo juguete.

Sin límites

Para explicar de qué adolece este gatito, debemos retomar algunos de los elementos que ya hemos descritos: igual que Nougat, Luka no ha adquirido los mecanismos de autocontrol correctos pero, mientras que para Nougat y otros gatos que padecen el síndrome de hipersensibilidad-hiperactividad esa es la única raíz del problema, Luka añade la incapacidad de inhibirse, requisito indispensable para cualquier relación con otros seres vivos. No estamos hablando de sumisión o jerarquía, reservadas a las especies sociales, sino de inhibición, de la capacidad de evitar ciertas reacciones para establecer contacto con otro ser vivo. Hemos visto que, cada uno a su modo (Nougat y su falta de autocontrol o Lucifer y su estado ansioso que desencadena ataques dañinos), pueden poner en peligro las relaciones, pero son capaces de establecerlas.

Luka no está dotado de esta capacidad. La falta de contacto materno, al margen de la buena voluntad y la atención al desarrollo, expone al gatito a una intolerancia a la coacción.

En nuestra nueva nomenclatura para la patología del comportamiento felino, hemos querido incluir un capítulo importante sobre las relaciones, y por eso hablamos de esquecipatía. La etimología, griega, combina *esqueci-* ('relación') y *-patía* ('sufrimiento').

Los gatos no padecen sociopatías, como las personas o los perros, sino esquecipatías. Estas no se vinculan a una relación social con todas sus reglas, sino a la simple relación entre dos individuos. Y aunque no la marca una jerarquía, se basa, de manera inevitable, en la capacidad mutua de inhibirse, de aceptar ciertas limitaciones y, por tanto, de poder sincronizarse.

Algunas relaciones no son adecuadas para determinados gatos, como veremos más adelante, y algunos no están preparados para una relación debido a su desarrollo. Los que, como Luka, son incapaces de la más mínima inhibición sufren asquecia.

El nombre de esta enfermedad (que se forma con una «*a*» privativa antepuesta a la parte de la palabra que significa 'relación') es sin duda extremo, pero no debe tomarse al pie de la letra: no es ni una condena ni un pronóstico muy sombrío. Habla de la realidad de base: estos gatitos, privados del contacto y control maternos, no saben relacionarse. Durante años, pensamos que estos gatitos no eran buenos candidatos para la adopción, pero el trabajo de Joëlle Hofmans, en el marco del Diploma Intercolegial de Veterinaria Conductista, ha demostrado lo contrario.[6] Para diferenciar a los gatitos que se han desprendido precozmente de su madre de los que se han beneficiado durante mucho más tiempo del aprendizaje materno, utilizamos el reflejo de carga (sujetar por el pescuezo —¡ojo, sin violencia! y, desde luego, no es un castigo—, véase el recuadro «Probar el reflejo de carga no es un castigo», p. 112). Si el gato está en posición fetal o relajado, ha estado en contacto con su madre hasta las ocho semanas o más. En cambio, si el gato está hiperextendido, con las garras fuera y amenazante, en principio, no se ha beneficiado del contacto materno más allá de las cinco semanas. La suposición inicial era que los gatitos con un reflejo de carga deficiente serían peores gatos de compañía que los que mostraban indicios de un desarrollo armónico. Los resultados demostraron lo contrario. Las personas que adoptaron un gatito con un reflejo de carga «malo», al cabo de un año, estaban más satisfechas que las que habían adoptado un gato con un desarrollo normal. Tuvimos que reflexionar sobre su posible significado, y nos dimos cuenta de que los gatitos con el reflejo «malo» mostraban, como era de esperar, muchos más signos de ansiedad, y que su forma más clásica de combatir esta afección era desarrollar un hiperapego hacia la persona en cuestión. Por ejemplo, pasaba mucho más tiempo en el regazo que un gatito «normal» que, en su primer año, se entretiene más rato jugando, retozando y explorando, que acurrucado encima de unas rodillas. Así que, en efecto, sufrían un trastorno de comportamiento, pero se aferraban al vínculo formado con su humano, que entonces se sentía investido de una misión importante y apreciaba enormemente esta relación. Si el apego está realmente en el centro de esta paradoja, el hecho nos llevó a revisar nuestro juicio.

Para ser precisos, no todos los gatos con un reflejo de carga deficiente son asquécicos. Aunque este es uno de los factores que apoyan nuestra sospecha es importante subrayar que la situación puede cambiar. En efecto, algunos voluntarios de asociaciones protectoras de animales me enseñaron a no ser demasiado categórico en mi pronóstico. Después de ver que gatos, a los que consideraba incapaces de socializar, cambiaron de actitud y se convirtieron en gatos muy familiares, a veces con una sola persona, pero, a menudo, cordiales con todos los humanos, solo pude reconocer que un muy mal comienzo no es lo mismo que una condena. Sobre todo, porque los tratamientos que podemos implementar reducen el peligro y, por tanto, nos permiten prolongar la experiencia de la convivencia.

Luka es un ejemplo vivo de esta paradoja.

Un muy mal comienzo

Cuando pruebo su reflejo de carga, espero una reacción fuerte por su parte y, como era de esperar, bufa y empieza a forcejear, pero, tras unos segundos, siento cómo se relaja en mi mano. Al final, su reflejo casi parece el de un gatito con un desarrollo normal.

Esto me ayuda a comprender que este gatito, con su traumática historia, está ya en proceso de repararse a sí mismo, aunque, en el momento de la consulta, la convivencia con él siga siendo difícil.

111

Repitamos nuestro mantra una vez más, y no será la última: ¡el castigo físico nunca es adecuado para los gatos! Jamás resuelve los problemas de comportamiento, y agrava la ansiedad. El error viene del hecho de que —y aquí cabe un amplio debate— podría considerarse un castigo eficaz en cachorros de perro, siempre que sea moderado, simultáneo y realizado como lo haría una perra, es decir, sujetando al perrito por el pescuezo y no zarandeándolo como a un guindo.

Pero con los gatos nada de esto existe, y aunque las madres pasan mucho tiempo adiestrando y controlando, nunca utilizan este método.

Probar el reflejo de carga no es un castigo

Agarrar por el pescuezo es, por tanto, una prueba de diagnóstico y la reproducción de una maniobra clásica de la madre, que desplaza la camada para confundir a los posibles depredadores: ¡no es en absoluto un castigo!

A veces me lo dicen mis clientes cuando menciono castigos y sanciones físicas en casos de suciedad, por ejemplo. Al comprender que no los juzgo, sino que los escucho, muchos de ellos me cuentan que, exasperados por encontrar de nuevo su cama manchada por una micción, han agarrado al gato por el pescuezo y lo han zarandeado con más o menos vehemencia «para explicarle que no debe volver a hacer eso, que estaba mal». Ahora que sabemos más sobre el comportamiento de los gatos, es fácil ver que eso no puede funcionar. En lo referente al reflejo de carga, o bien sigue activo, pero el pequeño felino está desconectado de su entorno, o bien ya no está activo, y la maniobra será dolorosa y desencadenará una respuesta agresiva, en cuyo caso el aprendizaje no habrá tenido lugar.

Luka recibió un par de palmaditas suaves de sus cuidadores (algo que una gata podría hacer), pero sin violencia y con ánimo más disruptivo que punitivo; nada de esto lo detuvo. Rémi, el principal objetivo de los juegos violentos, a veces regañaba al gatito, amenazándolo, pero sin pegarle nunca.

El seguimiento de la semiología (el estudio de los signos de comportamiento en todos los ámbitos) confirma que la evolución ha sido más bien favorable, después de un punto de partida grave.

Luka era voraz cuando tomaba el biberón: se excitaba, lo soltaba, volvía a cogerlo como un niño con un hambre inextinguible y frustrado por no saciarse nunca. Entonces se reguló, porque nunca se le permitió acercarse a la mesa (estos gatitos tan activos son a menudo ladrones, roban directamente de los platos), sin violencia pero con firmeza, y con acceso constante a un cuenco con croquetas de calidad.

El entrenamiento para ir al baño llegó pronto: Lydie había leído mucho y recibido buenos consejos. Adoptó al gatito con uno o dos días, cuando sus esfínteres aún no eran competentes, y sabía que debía imitar el comportamiento de la gata que desencadena el reflejo perineal. Por suerte, no era necesario lamer la barriga del gatito, desencadenar la emisión de heces y orina y luego limpiarlo todo con un gran lametón. Un suave masaje en el bajo vientre y la zona perineal provocará la excreción y después podrá limpiarse al gatito con papel higiénico o una toalla de papel bastante suave. Garantizar la función vital al principio de la vida está muy bien, pero enseñar al gatito los puntos clave de esta función es aún mejor. Lydie lo sabe y, como Letti en el programa que hemos mencionado,[7] señala a Luka el uso del arenero escarbando, depositando algunas excreciones y tapándolas después. Luka, igual que un gatito con el desarrollo guiado por su madre, era limpio antes de las cuatro semanas.

Sus marcajes son desorganizados: nunca ha marcado territorio con orina, pero tampoco hace marcaje facial en objetos inanimados (al menos, no todavía: tiene diez semanas cuando lo veo). Por otro lado, ya se frota mucho con sus cuidadores, a veces, demasiado para lo que les gustaría, algo en lo que coincido, y la secuencia acaba en juegos o ataques incontrolados y dañinos.

En cuanto a su práctica de excreción, aunque se instauró bastante pronto, tiene algunas peculiaridades. Después de algunas semanas de tratamiento, cuando la mayoría de los ataques se habían controlado, Luka eligió el arenero como lugar de descanso. Como muchas parejas jóvenes, Lydie y Rémi no tienen un piso grande y han optado por una caja con tapa para que les moleste menos la visión de las heces y el olor. Luka ha decidido convertirlo en su área de aislamiento favorita. En cuanto me lo cuentan, redirigimos a Luka a otras zonas más adecuadas, atrayéndolo con comida o juegos, pero parece hacer oídos sordos a nuestras sugerencias.

La situación se vuelve tediosa para Lydie y Rémi, que insisten en encontrar una solución. ¿Qué ocurre con nuestro diablillo, privado de control materno y de educación, pero que ha evolucionado en la buena dirección, gracias al trato y los atentos cuidados de sus humanos? La clave está en la mejora. En el proceso de reinvención de un repertorio de comportamiento felino (casi) normal, Luka busca lugares de aislamiento más protegidos. Le sugerí a Lydie que le comprara un «iglú» de pelo falso, que son como pequeñas tiendas de campaña, muy cómodas para los gatos, que cumplen el doble objetivo de protegerlos y permitirles observar sin ser vistos. Tras algunas vacilaciones, Luka adoptó finalmente su nueva cabaña y renunció a su arenero, que reservó para las excreciones.

La historia de Luka me parece ejemplar, por supuesto. También porque, de momento, tiene un final feliz, pero no vendamos la piel del oso....

Esta historia, además, da respuesta a una pregunta crucial en nuestra disciplina: ¿las primeras fases del desarrollo determinan el futuro de forma inapelable y es de ilusos intentar cambiar el destino?

No ignoro esta cuestión y sé que muchas parejas como Lydie y Rémi se habrían rendido y habrían devuelto a Luka a la calle, pero me parece ver cada vez más a estos nuevos «amos» que buscan el equilibrio entre su vida cotidiana y el bienestar de su animal. El papel de un veterinario es proteger la relación entre ambas partes, comprender los miedos y exasperaciones de los humanos y ser conscientes de las necesidades fundamentales de cada especie que cuidamos, y, sobre todo, ser capaces de descifrar los resortes del equilibrio de cada animal en concreto.

La psiquiatría —y me refiero tanto a la psiquiatría humana como a la veterinaria— es objeto de dos grandes críticas:

- Evaluar todo bajo la perspectiva de la psicopatología y correr el riesgo de dejar de considerar normal cualquier comportamiento o, al contrario, no ser capaz de fijar los límites de lo aceptable.
- Ser normativa, una orientación que procede de la definición de salud que estableció la OMS, en 1945, y que no se ha cuestionado desde entonces: «La salud es un estado de completo bienestar físico, mental y social, y no consiste solamente en una ausencia de enfermedad o discapacidad».

Incluir el bienestar social en la salud era un gran riesgo. Si alguien no está satisfecho con la sociedad en la que vive, ¿debería eso definirse como una enfermedad? Creo que todos conocemos la respuesta. El peligro es evidente: «tratar» a alguien por ese malestar social solo puede ser competencia de la psiquiatría, que debería convertirse en el brazo armado de una paz social forzada. Porque he trabajado con varios psiquiatras y porque muchos de ellos son amigos íntimos no me resulta difícil atestiguar que, en la inmensa mayoría de los casos, ocurre lo contrario y que, en casi todos, se produce una escucha, una tolerancia y una comprensión muy inspiradoras que invitan al respeto.

Los gatos no tienen normas sociales

Puedo testificar por mi disciplina y por el enfoque que hemos desarrollado en Francia desde los años noventa. Los perros y los gatos no tienen por qué ajustarse a una norma social. Esto aún podría discutirse en lo relativo a los perros, que no deben causar perjuicios y que, a veces, se encuentran en el punto de mira si hablamos de «perros peligrosos». Me gustaría reiterar nuestra oposición a esta absurda categorización de los perros, que es el resultado de una ley racista, con graves consecuencias para el bienestar de decenas de miles de perros y de sus dueños. ¿Y los gatos? Ellos, en este caso, no ocupan ningún espacio social —a excepción de los gatos callejeros, de los que, un día u otro, los ayuntamientos tendrán que encargarse— y, por tanto, no están sujetos a ninguna norma. A ese respecto, nuestra psiquiatría no pretende ser normativa e interviene únicamente por su salud, equilibrio y bienestar.

En cuanto a considerar todo o nada como normal, nuestra propia profesión de veterinarios nos enseña a hacer lo contrario. Trazar la línea entre lo normal y lo patológico es el trabajo de todos los días.

La definición de normalidad también es una cuestión de cultura, lugar y época, y, en el caso de una especie, de su estatus como animal domesticado o no.

¿Domesticado o domado?

Ya he tenido ocasión de mencionar el trabajo de J.-D. Vigne.[8] Me ha llamado la atención el hecho de que, a pesar del descubrimiento de las tumbas de estos felinos (por lo que queda globalmente admitido que eso les da un valor afectivo), el autor y sus colegas afirman que prefieren no hablar de domesticación para el gato. Con el gato, un espécimen de gran tamaño, que el equipo de Jean Guilaine encontró en el yacimiento de Shillourokambos, en Chipre, los científicos decidieron utilizar la palabra *taming*, que significa ante todo 'domado' (la acepción de domesticación es mucho más rara). Hoy en día, la cuestión de cómo nos imaginamos a nuestros gatos genera un debate en torno a la gestión de sus trastornos de comportamiento. ¿Estamos ante un animal domesticado, o sigue siendo una especie liminal que vive en nuestro espacio privado pero cuya domesticación aún no se ha completado?

Recordemos que la propia definición de esta palabra sigue siendo controvertida. Según la disciplina a la que se dediquen los autores, privilegian la vertiente social o la biológica. De acuerdo con Nerissa Russell,[9] creemos que deben tenerse en cuenta ambas. Con los gatos, todo depende de lo que se decida mirar: si solo consideramos la cría, con la modificación de la morfología, la aparición de hipertipos, de las distorsiones conservadas como características de raza, en un entorno que solo permite que la reproducción se exprese dentro de un contexto muy preciso, y dirigido por los seres humanos, entonces, es obvio que el gato es un animal domesticado. No obstante, basta con acercarse a cualquier asociación que se ocupe de los gatos callejeros para pensar lo contrario: la morfología de los gatos apenas ha cambiado en mucho tiempo, y a no pocas personas les gustaría tener un mejor control sobre su reproducción.

Las protectoras siempre esgrimen sus aterradoras estadísticas: en cuatro años, una pareja de gatos sin esterilizar podría ser responsable del nacimiento de más de veinte mil cachorros, lo que produce vértigo, pero nunca se ha confirmado: este cálculo, tan teórico, no tiene en cuenta ninguno de los factores que regulan la población de esta especie. Sin embargo, esto explica esa versión moderna del tonel de las Danaides: capturar unos gatos y esterilizarlos nunca acabará con la población de gatos callejeros. Han sido necesarias muchas décadas, responsables administrativos, protectoras y veterinarios para comprenderlo y establecer una política de gatos libres que hizo posible la desaparición de la rabia como enfermedad endémica en Francia. Es mucho más eficaz capturar gatos, esterilizarlos y soltarlos en su espacio vital que eliminarlos. La naturaleza aborrece el vacío, y si un nicho ecológico es adecuado para los gatos, allí habrá gatos, nos guste o no… Más vale esterilizarlos, para que no contribuyan a una explosión demográfica.

En resumen, ¿está domesticado el gato? No del todo, como decíamos en el primer capítulo.

La mayoría de nuestros gatos domésticos podrían volver a la vida en la naturaleza y ser autónomos, alimentándose de pequeñas presas. Hoy aún sucede que algunos gatos recuperan una vida sin contacto con el humano y sin su ayuda. Si siguen alimentándose alrededor de las casas con alimentos antropogénicos, se los llama gatos callejeros. Si han recuperado su capacidad de caza, se alejan del hábitat humano y se adentrarse en los bosques, se los llama cimarrones.

La vida de estos felinos está llena de lecciones: para ellos, el viaje a la domesticación sigue ofreciéndoles la posibilidad de un billete de ida y vuelta. Una especie que ha tenido la «suerte» de vivir en contacto con el hombre puede decidir liberarse. Creo que esta es una de las razones de la ira que despiertan, y por la que se los acusa de mil males, el más grave de los cuales es hoy la amenaza a la biodiversidad. La especie felina nos enfrenta con la idea de no dar por sentado que vivir al servicio del ser humano es una suerte que no se puede dejar escapar…

¿Y qué debemos hacer los psiquiatras veterinarios? ¿Dónde trazamos la línea entre lo salvaje y lo doméstico?

Cuidados y solicitud

La medicina conductual no es ni normativa ni moralista —lo repito, pero es crucial—. Tenemos respaldo científico para defender que la vida de un gato en interior puede, en determinadas condiciones, ser armoniosa y en el exterior, aunque a veces sea más estimulante, también entraña muchos más peligros. Lo que es bueno para la especie no siempre es bueno para un individuo…, ni mucho menos.

Nuestra misión es clara:

- Evitar cualquier dogmatismo que nos lleve a rechazar como insoportable la idea de un gato doméstico encerrado, cautivo (como algunos los llaman), o inapropiada la posibilidad de que un gato salga y exprese comportamientos de caza y presa con toda la intensidad que la realidad del riesgo supone.
- Aportar nuestra solicitud y cuidados: estar ahí, atentos a la realidad única de cada individuo, a la forma en que se adapta o no a su entorno, en función de sus recursos, y a las consecuencias positivas o perniciosas de sus relaciones con los demás seres vivos de su entorno.

Con conocimiento de causa, nosotros comprobamos que se respeten las cinco libertades (o las cinco necesidades, o los cinco ámbitos de los que hablan los teóricos del bienestar), y los cinco pilares[10] de un entorno positivo para un gato (véase el recuadro). Esto nos remite al debate sobre la normalidad: creo que, debido a su doble naturaleza, los gatos tienen más formas de ser «normales» que los perros, y que no es cuestión de clasificar todo dentro de las patologías.

Los 5 pilares de un entorno saludable para los gatos
según la Sociedad Internacional de Medicina Felina

Pilar 1

Darles un lugar seguro.

Pilar 2

Proporcionarles recursos múltiples y separados: comida, agua, zona de aseo, zona para arañar, zona de juego y zona de descanso o para dormir.

Pilar 3

Ofrecerles la oportunidad de jugar y ejercer su conducta depredadora.

Pilar 4

Proporcionarles una interacción social positiva, coherente y predecible.

Pilar 5

Asegurarse de que su entorno respeta la importancia de los sentidos y el olfato del gato.

Pero también tenemos indicios fiables que nos permiten detectar el sufrimiento, la incapacidad de adaptación y la ausencia espontánea de reversibilidad que, para nosotros, son marcadores definitivos del inicio de una patología del comportamiento.

En el caso de Luka, creemos que es fácil tomar partido. Este gatito estaba condenado a una muerte segura, y las condiciones de vida que se le ofrecieron y la atención que recibió fueron de buena calidad. Por otro lado, los traumas asociados a las primeras fases de su desarrollo y su vulnerabilidad individual, al haber mermado su capacidad de inhibición y autocontrol, lo han hecho volcarse hacia el lado patológico, lo que le hace sufrir y supone un peligro para los demás. Nuestro papel como veterinarios es aliviar este padecimiento, ayudar a Luka a desarrollar nuevas habilidades con las que enfrentarse al mundo y ayudarlo a recuperar su autocontrol y capacidad de inhibición.

A continuación, el tratamiento médico puede detenerse y seguir con la terapia, que se convertirá en una faceta más en la vida cotidiana de esta familia. Esto me da la oportunidad de referirme a un punto importante que —como bien sé— preocupa a muchos de mis clientes: no, el tratamiento nunca es para toda la vida. Utilizamos medicación para restablecer la plasticidad cerebral y, salvo en los casos más raros, la norma general es dejar de administrar el tratamiento al cabo de cierto tiempo (seis, doce o dieciocho meses) en función del caso, el diagnóstico, el pronóstico inicial y la intensidad de la terapia que se realiza en paralelo.

Así pues, Luka recibió un fármaco psicotrópico que actúa sobre la serotonina: según el modelo actual, este es el neurotransmisor implicado en los déficits de control y la agresividad.

Ayudar a desarrollar el autocontrol

La terapia es clásica pero eficaz: detener cualquier castigo físico (Luka apenas ha recibido) y las amenazas verbales, que pueden tener un efecto muy parecido. Es posible que sentir mucho miedo desencadene tantas respuestas fóbicas como el dolor. En otro orden de cosas, a un gatito «normal» es fácil enseñarle, por ejemplo, la orden de «patita suave» presionándole los dedos para que retraiga las uñas cuando juegue sin controlar sus zarpas. En el caso de Luka, el autocontrol que le aportó el fármaco hizo posible este aprendizaje. Redirigir los ataques hacia juguetes permitidos también es interesante, pero —aun a riesgo de adoptar de nuevo una postura poco ortodoxa— creo que es fundamental seguir jugando con las manos para comprobar la adquisición de autocontrol en arañazos y mordiscos. Luka cada vez hace menos daño a sus cuidadores y la vida se ha vuelto más agradable. Sigue progresando, recae de vez en cuando, pero con menos gravedad, Lydie y Rémi lo acompañan con ternura y respeto, y yo saboreo esta efímera victoria sobre el abandono.

Luka es un caso extremo, pero revela lo difícil que resulta para algunos «gatos de biberón» desarrollar relaciones básicas. Estos gatos no son pocos, y repitámoslo: el tratamiento puede dar sus frutos y, aunque requiere empatía y conocimientos, su pronóstico no es malo. Uno de los últimos vídeos que recibí de Lydie y Rémi, como parte del seguimiento, mostraba a un gato adulto, grande, tumbado junto a su humano y frotándose contra él. El mensaje que acompañaba al vídeo decía: «pensamos que disfrutarás con esto» y, efectivamente, me encantó ver el resultado.

Junto a ellos, hay decenas de miles, quizá incluso cientos de miles de gatos que sufren el desajuste entre su capacidad para relacionarse y lo que se espera de ellos: tantos malentendidos interespecíficos, relaciones que pretendían ser agradables, pero acabaron siendo fuente de sufrimiento, preocupación o simplemente una muestra de inadaptación.

Es hora de hacerles justicia y dar esperanza a todos.

Isis, viaje al fin del infierno

Los gatos no son perros, no me canso de repetirlo.

Mi experiencia me lleva a creer que hago bien, por el sinfín de casos en los que personas sin malicia, pero también sin capacidad para ponerse en el pellejo del gato, lo tratan como si fuera un perro.

Hay muchas similitudes entre las dos especies: ambas pertenecen al orden de los carnívoros y llevan varios miles de años conviviendo con las personas. Ambas se desarrollan a través del apego, lo que les confiere la capacidad de establecer relaciones positivas a lo largo de su vida adulta. También comparten mundo sensorial: sus cinco sentidos son los mismos, y, por ejemplo, el sentido del olfato de ambas especies está mucho más desarrollado que el nuestro, lo que significa que el mundo de gatos y perros está más cerca entre sí que el de los humanos. Son especies neoténicas, por lo que ciertas características juveniles persisten a lo largo de su vida adulta, como la capacidad de jugar, y esto es aún más cierto con nosotros, que les ofrecemos la protección de un refugio y la garantía del alimento.

En resumen, es normal que a veces los confundamos.

Aline y Raymond acuden a una consulta en un gran centro veterinario de la región parisina. Es invierno y ambos van abrigados con chaquetas de plumas que, como descubriré, no solo los protegen del frío.

Mi paciente es una gata negra, pequeña y de pelo corto que sale de su jaula con indiferencia: viene hacia mí, la acaricio una vez y, al segundo toque, se para y bufa. Este resoplido es una amenaza, igual que el gruñido de un perro. Indica un deseo de marcar distancia y pide que cese el contacto.

Tras esta presentación, detengo la interacción con la gata y pregunto a sus dueños el motivo de la consulta. Aline me dice:

—Lo acaba de ver: ¡ataca! ¡Me asusta…! Y, además, últimamente es sucia.

Aquí unidas, en pocas palabras, las dos quejas que más se oyen en las consultas de comportamiento felino: la agresividad y la suciedad solo son la punta del iceberg.

Isis entró en la consulta y saltó al regazo de Aline, luego a Raymond y de nuevo a Aline, quien la acarició, lo que, tras cuatro o cinco toques, provocó la misma amenaza.

Mientras recabo la información semiológica pertinente, observo a Isis: aunque su transportín está abierto, no se refugia en él. Ha pasado varias veces por delante, lo ha olfateado, pero no lo ha convertido en su refugio, como acostumbran a hacer muchos de sus congéneres, que no se dignan a obsequiarnos con su magnífica presencia durante la consulta.

Por el contrario, cada vez que Isis pasa, roza con la parte superior de la cabeza, justo debajo de la oreja, a Aline y Raymond, lo que desencadena el contacto con uno u otro. Tolera las dos o tres primeras caricias, pero la siguiente desencadena, como mínimo, que el animal se gire, resople, escupa y, a menudo, dé un golpe con la pata más o menos enérgico.

Un sufrimiento que afecta a los demás

El trabajo de un psiquiatra veterinario se basa, por un lado, en los conocimientos cada vez más amplios sobre el funcionamiento del cerebro, los neurotransmisores y sus receptores y, por otro, en la empatía, que solo puede ser múltiple y dirigida al animal, cuyo comportamiento intentamos interpretar a la luz de datos científicos recientes o antiguos, pero fundados, y a las personas que acompañan al paciente. En un caso como el de Isis, si consideramos el término paciente en su sentido más estricto ('el que sufre'), también se aplica a los dueños. Por supuesto, aunque Isis es la paciente a la que debo tratar, también percibo el sufrimiento humano. No es cuestión de que yo ocupe el lugar de un psicólogo, psiquiatra o consejero familiar, pero la parte de la relación que repercute en el animal entra dentro de mis competencias. Si en un primer momento puedo comprender, luego explicar y, después de ponerme de acuerdo con los clientes, aportar soluciones para ir liberando al animal de su sufrimiento, no solo habré cuidado del animal —que es mi misión—, sino también habré permitido que el grupo funcione armoniosamente y habré mejorado el bienestar de todos.

El trabajo semiológico —la recopilación de signos que transformo en síntomas— comienza con la observación del animal y con lo que me cuentan las personas que conviven con él. Por supuesto, siempre nos serviremos de esto último, y de los sentimientos del gato que intentamos captar. Este es un elemento de la filosofía y la ética animal que hoy me parece importante destacar. Por definición, nuestras mascotas son heterónomas: dependen de las decisiones de los humanos que las acompañan, representan, miman y, a veces, maltratan. En sentido estricto, un animal no puede expresar su opinión, aunque sus reacciones y comportamiento hablen por él. Como ya

124

he señalado, ahora disponemos de medios con los que documentar el sufrimiento y reconocer las condiciones patológicas de nuestros felinos domésticos. Sin embargo, aun así, no podemos hacernos una idea completa de sus representaciones, emociones y pensamientos.

Observar a Isis me da muchas pistas: esta gata no tiene aversión a los humanos, ni un miedo excesivo al contacto. No intenta huir de nosotros; incluso es capaz de interesarse por el contacto con un extraño. Busca refugio en sus humanos de compañía, sobre los que practica el alomarcaje (el acto de frotarse y depositar feromonas de familiarización), lo que indica un apego de buena calidad. Esta relación muestra claros rasgos positivos. Entonces, ¿cómo es posible que la situación se haya deteriorado hasta provocar un estado patológico, en el que están presentes los principales signos de ansiedad intermitente, como el marcaje urinario y la agresividad por irritación?

Después de examinar el comportamiento de la gata, llega el momento de completarlo con la información humana: «cuéntenme: ¿cuándo y cómo aparecieron las primera agresiones?».

Mientras tanto, Isis ha saltado al regazo de Aline y se frota contra su barbilla. Percibo el miedo de Aline.

—Fue algo así… Por la noche, Isis venía conmigo a la cama y frotaba la cabeza contra la mía como la ha visto hacer. Yo la acariciaba y una noche, de repente, me dio un fuerte mordisco en la barbilla. Grité y se marchó.

—¿Sucedió solo una vez?

—No, teníamos un ritual de mimos muy establecido. Todas las noches venía, se frotaba y ronroneaba. Pero cuando volvió al día siguiente, desconfiaba. Le acaricié un poco la cabeza, y cuando sentí que iba a morderme otra vez, la empujé.

—¿Cuántas veces ha ocurrido esto?

—Unas cuatro o cinco. Y dos más, por lo menos; cuando creía que estábamos en plena sesión de mimos, me mordió en la barbilla y la eché. ¡Y después, además empezó a hacerse pis!

—¿Y de qué forma reaccionó usted?

—Como nos habían explicado. Se lo enseñé, le metí la nariz dentro y le di un golpecito para decirle que eso no estaba bien.

Lo creamos o no, la clave de la eficacia es no juzgar, aunque sepamos, en un caso como este, que algunas de las respuestas humanas habían empeorado la situación. Siempre tenemos en cuenta que no es intencionado, y es esencial distinguir entre error y culpa. No hay culpa si se actúa creyendo de buena fe que es la respuesta adecuada.

Comprensión en lugar de coacción

Basta con explicar hasta qué punto los gatos no son ni perros ni personas, y hasta qué punto las relaciones son opcionales para ellos. Al pertenecer a una especie por definición no social, los gatos no disponen de mecanismos de colaboración ni, sobre todo, de reconciliación. Con su doble naturaleza ya mencionada, depredadora, por supuesto, pero presa, ante todo, los gatos son vulnerables a los precedentes y esto también se aplica a sus relaciones. Esto significa que si una relación, por muy privilegiada que fuera al principio, empieza a volverse negativa, aterradora o peligrosa, el gato puede abandonarla y reaccionar de forma cada vez más negativa ante las situaciones de contacto.

De hecho, les cuento un secreto: los gatos van por la vida con una libretita en el bolsillo interior del traje para apuntar los sucesos desagradables. Estas notas tienen una característica muy engorrosa: son imborrables. Por lo tanto, hay que evitar a toda costa aparecer en la libretita, y para eso, no se debe nunca recurrir a castigos físicos o verbales, amenazas que asusten al animal o trucos desagradables.

Aunque un gato acabe de marcar con orina las cortinas por duodécima vez o haya roto un precioso jarrón, antes de pegarle o gritarle, conviene recordar la libretita y abstenerse. Esto no significa que todo valga y que sea imposible educar a un gato, pero se hará sin coacción. «Los gatos son como el papel, se arrugan muy deprisa», decía Guy de Maupassant, quien creó una liga en defensa de estos felinos con Alejandro Dumas, Anatole France y Charles Baudelaire. La imagen es acertada y hermosa: como el papel arrugado, nunca vuelve a su estado anterior.

Así de importante es no dañar la relación. Para Aline con Isis ya es tarde, pero la situación aún no es irreversible.

Mordisco y golpe, una secuencia nociva

Isis ama a su dueña, y para la gata morder es casi un éxtasis, confunde amor y sufrimiento, así que señala con un mordisco el clímax del placer del encuentro, de ahí el malentendido. Antes de ese hecho, no se dan ninguno de los primeros signos de agresión: este mordisco es frenesí, no ataque. Podemos entender a Aline, su gata la muerde cuando espera una carantoña, y ella tiene una reacción instintiva de defensa, incomprensible para un animal sumido en las delicias de una sesión de mimos. Luego llega el momento de la desconfianza y la sensibilización de ambas: para Isis, la amiga humana se ha vuelto imprevisible, y puede amenazarla o golpearla, motivos para abrir su libretita y escribir el nombre en la primera página. Imaginemos el desconcierto de la gata, alterada por la ruptura del vínculo, desorientada por este intercambio ahora imprevisible, Isis hará lo que hacen los gatos: intentar restablecer la armonía marcando su territorio y dando prioridad al marcaje con orina, señal de que la situación se ha deteriorado. Los castigos que vienen a continuación los recibe y los escucha tantas veces que la ofenden para siempre, empeorando aún más la situación. Lo que nos da esperanza es que esto solo ocurre desde hace unas semanas y la aparición del marcaje con orina es aún más reciente: quizá la relación pueda recuperarse. Isis ha empezado a mostrar signos de ansiedad intermitente, así que decidimos tratarla, pero esto solo vale la pena y tiene éxito si la explicación ayuda a romper el círculo vicioso.

Una vez más, durante la consulta, Isis saltó a las rodillas de su humana, cuyas caricias terminaron con un ligero pellizco de la cola que, inmediatamente, desencadenó una amenaza de la gata. Isis vuelve, sin embargo, a frotarse contra el mentón de Aline, que la acaricia, y yo la interrumpo.

—¡No más! Solo una caricia… Espere a que pida de nuevo contacto. Quiere estar encima de usted y apoyarse en usted, tal vez, para colocar las marcas de familiarización, pero eso no significa que desea que la toquen, ni que le resulte agradable.

—Pero si se me sube encima, será porque la acaricio.

—No, si se le sube es para… estar encima suyo.

Mi interlocutora se sorprende bastante. La comprendo.

—Si nosotros, los humanos, nos subimos a un regazo, en principio esperamos, incluso, anhelamos una continuación.

La pareja se ríe a carcajadas y yo sonrío con ellos.

—Pero para los gatos, esto no siempre es así, ni mucho menos. Ya lo han visto: desde el principio de la consulta, Isis se le ha subido encima, pero en cuanto la toca, se va. Usted es su refugio, pero imagínese que lleva unos guantes de fuego. Si la acaricia una vez, no pasa nada, pero si continúa haciéndolo, la «quema», o al menos le causa dolor».

Traductor en línea

¡Aquí estoy, otra vez de intérprete! La especie humana y la felina tienen programas de comportamiento diferentes, y los contrasentidos etológicos pueden ser abundantes, aunque, en general, no es tan difícil, cuando conocemos a los gatos, caminar hacia su encuentro. Nosotros nos enorgullecemos de tener las capacidades cognitivas más desarrolladas, así que utilicémoslas para comprender mejor a quienes nos entregan su amistad y viven con nosotros, algo que, como hemos visto, con un gato nunca podemos darlo por sentado. Este es un momento importante de la consulta: a menudo el diagnóstico no resulta difícil, pero si queremos que la terapia tenga posibilidades de éxito, necesitamos construir una alianza terapéutica de calidad. Esto significa conseguir que las personas responsables del animal compartan la visión sobre el origen del problema. En este caso, veo que Aline y Raymond no quedaron muy convencidos con mis primeras explicaciones, pero la metáfora del regazo y las consecuencias, y, sobre todo, la de los guantes de fuego cambiaron su visión. Isis nos ha ayudado mucho: lleva una hora demostrándoles lo importante que son para ella, y en qué medida son a la vez refugio y pilar de su seguridad. Esto define la base de un apego reconfortante y de buena calidad, y puedo decirle a Aline, sin temor a mentirle, que su gata la quiere y la raíz del problema está, sin duda, en la contradicción etológica (he estado a punto de escribir «cultural»).

Construir una relación respetuosa

El tratamiento siempre es una labor conjunta, en la que intervienen los conocimientos del profesional, el deseo de curación de los humanos y la participación del animal. Todos tienen que estar de acuerdo en la naturaleza del problema y compartir una misma visión. Todo el mundo debe salir ganando: en primer lugar, la gata, que es nuestra paciente, pero también las personas que la acompañan.

Para Isis es imperativo no recibir más castigos y poder mantener un contacto no intrusivo con sus seres de apego. Aunque Aline y Raymond ya han comprendido que la gata puede acercarse para estar en contacto con ellos sin que quiera que la toquen, les gustaría tener más contacto con su animal. Fue Isis quien me dio la idea de crear una terapia del deseo.

Obtención del consentimiento o terapia del deseo

El gato debe ser capaz de expresar su deseo de controlar la cantidad de caricias y, por tanto, de limitarlas a su antojo. Se puede establecer una señal que exprese deseo de contacto, por ejemplo, presentar la mano con el puño cerrado y el dedo corazón curvado. Si el gato se frota será que les da su beneplácito. Entonces acarícienlo una vez, suave, lentamente y sin golpes. Acaben acariciándolo, pero sin pellizcarle la cola, por supuesto. Vuelvan a presentar la mano de la misma manera: si el gato se frota de nuevo, pueden seguir acariciándolo, pero si no los toca, se acabó la sesión. Tras unas cuantas veces, Isis se dio cuenta de que no la tocarían más de lo que ella deseaba. El fin de los castigos redujo su ansiedad, ayudado con un tratamiento médico adecuado para reducir la hipervigilancia y el marcaje. Es fácil comprender que, si no se comparte el diagnóstico sobre lo que ha provocado el estado patológico y, en consecuencia, no hay adhesión a la terapia que restablecerá el equilibrio, el uso de medicamentos por sí solo no bastará —o no por mucho tiempo— para mejorar los síntomas. El tratamiento con psicofármacos es a menudo necesario, pero nunca suficiente.

¡Pida cita con su gato!

Además de la terapia del deseo, también prescribimos terapia de citas a nuestro grupo humano-animal. Si quiere un momento de complicidad con su perro, en la mayoría de los casos basta con llamarlo. Con su gato, sin embargo, no es tan sencillo. Sí, sí, lo sé, hay gatos que responden cuando se los llama y están continuamente dispuestos a establecer contacto. Las generalizaciones sobre gatos siempre tienen la excepción a la regla. Pero quedémonos con el caso más general. Flora, mi última compañera felina, es una gata cariñosa y amable, siempre que no se sienta coaccionada. Conozco los dos lugares y los dos momentos que casi me garantizan una gran sesión de mimos y ronroneos. Por la noche, delante de la chimenea, pero basta que los perros estén demasiado cerca para que no venga. Al final de la noche y por la mañana en la cama, le encanta tumbarse en mi espalda o en mi pecho, ronronear, frotarse y jugar al Simon's Cat, lo que despierta a su humano.[11] Mi cita con Chiquita, una de mis principales maestras, era a las siete de la tarde en el sofá del salón, pero yo debía tener las piernas estiradas. La historia que mi padre me contaba a menudo también ilustra esa costumbre de pedir cita a los gatos domésticos. De niño, vivía con una gata que se llamaba La Panthère, por su costumbre burlona de acechar detrás de la puerta principal y saltar encima de las faldas de las mujeres, lo que las hacía gritar y parecía divertirla mucho. Cuando mi padre se acostaba, La Panthère iba con él, se tumbaba, ronroneaba y mi padre podía acariciarla. De repente, se levantaba, le ponía el hocico en la mejilla, como un beso de buenas noches, y se marchaba. La vez que intentó retenerla, un zarpazo le enseñó que la cuestión era ofrecer cariño, no forzarlo.

Estoy seguro de que ustedes son de los centenares de miles que pueden contar las citas con su felino favorito. Cuando ese no es el caso, cuando la relación resulta complicada, prescribimos una «terapia de citas». Se trata de identificar las preferencias del gato y ofrecerle la oportunidad de encontrarse con sus figuras de apego humanas en un lugar concreto, a una hora concreta.

Con este tratamiento integral, Isis se ha convertido en una gata más tranquila, y Aline y Raymond han ganado, además de que les deje de morder y marcar, más mimos y una mejor relación con su gata.

El lugar del gato en la familia

El caso de Isis plantea la cuestión del lugar que damos a nuestros gatos. Ya hemos visto que hoy en día los gatos son, con diferencia, el primer animal de compañía en Francia, con una población de quince millones. Hemos mencionado que las principales razones de esta moda son a la vez positivas —interés por la especie y sus particularidades, pasión estética, correspondencia con los valores de la época (respeto del cuerpo, *cocooning)*—, pero también implican una serie de riesgos: considerarlos como un sustituto de tener un perro, lo que impondría demasiadas restricciones; representación distorsionada de la especie en páginas web de divulgación; libros que se aprovechan de la fascinación que provocan... Todo esto impregna un barniz erróneo de comportamientos sociales de las especies caninas y humanas a una especie que no es social. Los gatos son capaces de amar a otro individuo y, saben, cuando lo necesita, adaptarse a la vida en grupo, pero nunca socializan.

Hoy estamos locos por los gatos, pero, como suele ocurrir, cuando un animal se convierte en icono, a veces se lo adula por razones equivocadas y, a pesar de la buena voluntad de sus dueños, en ocasiones, se lo malinterpreta y somete a condiciones de vida que no son óptimas.

No obstante, y espero que quede más claro conforme avancen en la lectura, no es muy complicado entender a los gatos si aceptamos descentrarnos de nuestra visión como especie jerárquica y social hasta la médula. Lo que compartimos con los gatos es la posibilidad de apego: nos permite formar relaciones que dan sentido y sabor a la vida. Y, probablemente, también la doble naturaleza, enterrada, pero siempre dispuesta a emerger, de depredador y presa. Depredador poco dotado físicamente, hasta que inventamos armas que acudieran en nuestra ayuda. Además, como los gatos, sabemos compensar nuestro pequeño tamaño y nuestras escasas defensas naturales con un desarrollo cognitivo muy sofisticado.

Lo que no podemos ni debemos hacer es pedir a nuestros gatos domésticos que vivan y se comporten como perritos.

Si nos tomamos el tiempo necesario para pensar en los gatos (y ese es el objetivo de este libro) surgirán los principios de una colaboración armoniosa, y todos, nuestros gatos y nosotros mismos, tendremos mucho que ganar.

Ponerse en el lugar de los gatos significa, por ejemplo, no obligarlos a vivir en compañía de otros gatos si no quieren. Aquí también es posible encontrar todo tipo de situaciones: gatos que viven en grandes colonias y parece que les va bien, gatos que viven solos y parecen sufrirlo. En cualquier caso, les aseguro que me solicitan mucho más para solucionar problemas de gatos que no soportan la convivencia, que de gatos a los que pesa ser el único animal no humano de la casa.

Por término medio, cuando los franceses tienen gatos, tienen más de uno (1,68 para ser exactos). Como no existen decimales de gato, esto significa que si les preguntan a cinco dueños de gatos, entre todos tendrán una media de ocho gatos.

En resumen, hay muchos hogares con varios gatos, y la convivencia puede provocar problemas de comportamiento.

Los «Ángeles de Charlie», con Chérie y Kiss

Béatrice vive en un bonito piso de ciento treinta metros cuadrados en París. Se puso en contacto conmigo porque las dos gatas de la casa, Chérie y Kiss se peleaban: peleas sin heridas (aunque a veces volaban los pelos), pero muy escandalosas. Por el contrario, Charlie, el tercer gato de la casa, jamás se peleaba con las gatas.

Aunque Béatrice no se plantea llevar a sus tres felinos a consulta (relata una última y memorable visita al veterinario con Kiss), solicita, si es posible, una teleconsulta.

El marco jurídico de los veterinarios es bastante estricto y está pensado para proteger a los animales. La primera consulta no puede ser por vídeo: ¡el examen físico se considera, con razón, esencial! Sin embargo, existe una posibilidad: si el veterinario que los trata ha visto a todos los gatos hace menos de un mes, puede certificarlo y solicitar la asistencia de un veterinario especialista que entonces podrá, legalmente, participar en una teleconsulta. En este contexto, organizamos la consulta. Como en el caso de Choupette (p. 56), puedo hacer un recorrido virtual por el piso sin asustar a ninguno de los gatos y guiado por Béatrice, que me presenta primero a Charlie, un gran gato naranja tumbado en un sillón como una esfinge. Luego vemos una bola de pelo de color claro que corre a esconderse bajo un mueble.

«¡Esa que acaba de pasar es Chérie! Si se ha refugiado debajo de un mueble es porque Kiss no anda lejos».

Unos segundos después, vemos a una gata europea caminando lentamente hacia donde la gatita había desaparecido.

Ya conocemos a los tres protagonistas.

Chérie es una gata *ragdoll* de cinco meses. Ya hablamos de esta raza, que está de moda, a propósito de Tabatha. Esos gatos tienen un pelaje muy suave que recuerda al del gato sagrado de Birmania, con un patrón siamés (cuerpo claro y «antifaz» oscuro), adornado con lo que parecen unos bonitos guantes blancos.

Igual que Tabatha, Béatrice eligió a Chérie por esa fama que tienen los *ragdoll* de ser extremadamente buenos, por no decir pasivos, y lo repetimos: aunque los *ragdolls* tienen fama de ser tan fáciles de manejar como una muñeca, ningún gato debe transportarse o tocarse sin cuidado; la falta de una reacción agresiva no significa bienestar, y la inhibición es con demasiada frecuencia la reacción felina que enmascara su malestar. Su padecimiento silencioso no se deja ver, y las personas que viven con ellos pasan por alto estos síntomas mudos. Sin duda, esto explica en buena medida que a nuestras consultas de medicina conductual acudan menos gatos de lo que tal vez sería necesario.

La dificultad de la convivencia

El veterinario tiene un papel importante que desempeñar a la hora de revertir la situación: puede explicar, durante las consultas sanitarias, que cualquier cambio de comportamiento hacia una actividad reducida puede ser un signo de angustia conductual, algo que no puede ignorarse. Los gatos que se lamen hasta perder todo el pelo del vientre o los gatos bulímicos, cuya obesidad resiste a las dietas, revelan un estado de ansiedad permanente y ejemplifican esos estados de inhibición patológica que requieren sutileza por parte del dueño y del veterinario para detectarlos y tratarlos.

Por suerte, el caso de Chérie no escapa del dictado de la raza por ser una gata muy activa. De hecho, aunque es bastante cariñosa con Béatrice, es más bien intrusiva con los demás gatos. Acepta que Béatrice la lleve en brazos, pero se resiste a los pocos segundos y prefiere volver a sus actividades, que, la mayoría de las veces, consisten en esconderse y saltar sobre los otros gatos de la casa.

Mientras que Charlie acepta de buen grado los juegos, a veces bruscos, de la gatita, ese no es ni mucho menos el caso de Kiss, de catorce años, que reaccionó mal varias veces a los «ataques» intempestivos de la cachorrita y se defendió resoplando y escupiendo. Esta reacción agresiva no detuvo a Chérie, que volvió a la carga. Kiss pareció verla y decidir apartarla de su vista y, si es posible, de su territorio. En un piso, esto resulta complicado, y Béatrice empieza a preocuparse:

—¡Compréndame, doctor, esto ya me ha pasado! Hace unos años, quería adoptar otra gata y, por prudencia, pedí un periodo de prueba para ver si Kiss la aceptaba, ¡pero la pobre Gwen no duró ni una semana! Kiss la persiguió, la mordió, la hirió y tuve que devolverla.

—Claro, la entiendo. Para algunos gatos, compartir su territorio no es nada fácil. Pero no hay que generalizar. Charlie, por ejemplo, parece aceptar a todo el mundo. Diríamos que es un gato muy sociable. Kiss, en cambio, tiene dificultades para organizar su territorio si otro gato lo invade y también lo marca. Si, además, la gatita muestra falta de autocontrol y no respeta la demanda de distancia de la gata que ya vivía antes ahí, las posibilidades de convivencia armoniosa son escasas.

Cuántas veces habré repetido esto en mi vida, intentando explicar que el comportamiento de los gatos es diferente al de las especies sociales: por mucho que puedan establecer vínculos muy fuertes con otro individuo, por lo general, de una especie distinta, cuando comparten espacio con otro gato no hay que dar nada por sentado, y para que esto se convierta en una experiencia fructífera, es necesario cumplir unas condiciones que a menudo no se entienden.

Estos fracasos en la cohabitación decepcionan a quienes, de buena fe, quieren complacer a su gato ofreciéndole compañía. En un programa de radio, por ejemplo, una oyente contaba que había dejado que su gata tuviera una camada y se había quedado con un gatito para que no se sintiera tan sola. Tras los primeros cuatro o cinco meses, que fueron bastante bien, las relaciones se deterioraron y la madre ya no soportaba a su hijo, le bufaba encima, lo atacaba, se negaba a jugar con él y empezaba a mostrar signos de ansiedad. Es fácil comprender la desilusión y la incomprensión de la dueña ante lo que le parecía una falta de amor maternal. No tenemos ninguna certeza al respecto, pero, aunque estamos bastante seguros de que las madres reconocen a sus gatitos y se comportan de una manera muy particular con ellos durante las primeras semanas,[12] parece obvio que, después de varios meses, la relación maternal se desvanece hasta desaparecer. El hijo o la hija se convierte en otro gato adulto que puede considerarse tan intruso como cualquiera. Incomprensible para nosotros, pero normal en el mundo felino. Como en el caso de Chérie y Kiss, la cachorrita seguía solicitando la atención de su madre, que rechazaba sus peticiones. El enfrentamiento entre un individuo que sufre falta de autocontrol y otro con tendencia a la ansiedad crea condiciones para que ambos se sientan mal, un malestar que el vínculo familiar no hace nada por aliviar.

Volvamos a nuestro hermoso piso parisino...

Kiss es una gata europea: llegó al apartamento después de Charlie, que la acogió muy bien. Se han repartido el territorio.

Ya hemos insistido en la importancia de las áreas de aislamiento, un territorio seguro para el gato, que los demás seres vivos deben respetar. Charlie había elegido un sillón, y Kiss nunca quiso ocupar ese espacio. Ella eligió el árbol para gatos y el sofá, y Charlie tampoco se lo discutió nunca. Cuando Béatrice se iba a la cama por la noche, a menudo Kiss la acompañaba, se acurrucaba contra ella, satisfaciendo su necesidad de contacto, sin que la tocaran. Según nos contó Béatrice, una vez Kiss se negó a compartir su espacio vital con otro gato: la experiencia solo duró unos días y resultó fatal, pero Béatrice pensó que había cometido un error al intentar introducir un gato adulto. Convencida de que un gatito se beneficiaría de inmunidad diplomática, y habiéndose «enamorado» de esta dulce y divertida gatita *ragdoll*, lo intentó de nuevo.

—Al principio, pensé que podría salir bien. Me di cuenta de que no le gustaba, y ya sé que no le gustan otros gatos, pero la evitaba cuidadosamente y pasaba mucho tiempo en lo alto del árbol para gatos. Chérie no podía acercarse ella.

—¿Qué hacía Charlie? ¿Jugaba con la gatita?

—Charlie es un ángel. Aunque yo me daba cuenta de que Chérie iba demasiado fuerte, se portó genial. Jugaba un poco, no la atacaba, a veces intentaba sujetarla entre las patas cuando se agitaba demasiado. Así que intervine y encerré a Chérie en otra habitación.

—¿Cómo degeneró todo?

—Un día, Chérie saltó sobre Kiss cuando salía del dormitorio. Parecía un simple juego un poco revolucionado, pero Kiss reaccionó muy mal. Bufó, persiguió a la gatita y le dio un zarpazo. Si yo no hubiera estado allí, creo que le habría hecho daño.

—Y Chérie, ¿cómo se lo tomó?

—No creo que entendiera nada; cinco minutos después estaba dispuesta a hacerlo de nuevo y, sobre todo, empezó a seguir a Kiss a todas partes; quería dormir cerca de ella. Cuanto más caso le hacía Charlie, menos la toleraba Kiss.

—¿Y fue a peor?

—Sí. Las separé cuando me di cuenta de que Kiss podía hacerle daño, y, desde entonces, ha sido un infierno; este piso tiene el espacio justo para tres gatos, debo tener cuidado de cerrar las puertas y siempre hay un momento en que cometo un error y Kiss intenta atacar a Chérie».

Relaciones muy diferentes

Este caso es revelador y clásico en su desarrollo. Una vez más, cometemos un malentendido de especie cuando pensamos que un adulto, y en especial una hembra, será más tolerante con un recién nacido que con un adulto. Si bien esto es cierto, en esencia, con los propios gatitos, no se puede generalizar con todos los cachorros. En algunos animales, la tolerancia hacia los impúberes confiere a las crías una importante inmunidad, bien conocida en las especies sociales —de la que nosotros formamos parte, igual que los perros y los lobos—, pero esa tolerancia no existe en los felinos no sociales. Como ya hemos visto,[13] las gatas son capaces de añadir un gatito a su camada, sobre todo, si ya tienen experiencia como madres. En la naturaleza, pueden existir grupos de hembras que comparten el cuidado de los gatitos,[14] pero esto no dice nada sobre la aceptación de otro individuo más allá de estos momentos.

Una situación así es bastante traumática para los clientes, que temen por la vida del gatito, al ver cómo son capaces de atacar sus huraños adultos. Los gatos no son perros, carecen de estructura social basada en la aceptación de los demás. Por eso nos cuesta más esfuerzo comprender y representar su mundo, pero la empatía nos permite encontrar soluciones que respeten su lógica. Así, puedo explicar a Béatrice que Kiss no está loca y que, aunque sus ataques demuestran que su relación con Chérie es difícil, aún puede estar dentro de los límites de la normalidad.

138

Para averiguarlo, no queda otro remedio: hay que observar todos los comportamientos y, en un caso como este, no solo de un animal, sino de tres, sin olvidar las interacciones de cada uno con los demás gatos y con los protagonistas humanos. Esta etapa semiológica suele sorprender al cliente, pues piensa que solo vamos a ocuparnos del comportamiento problemático. Aunque lo abordamos al principio para señalar una dirección, luego lo abandonamos y nos ocupamos de todos los demás compartimentos del repertorio conductual. Cuanto más completo sea el cuadro, mayores serán nuestras posibilidades de identificar el estado patológico del animal, qué neurotransmisores están más implicados y el grado de desorganización de la conducta de referencia, lo que nos conducirá a un diagnóstico, un pronóstico y un tratamiento.

Territorio compartido, convivencia complicada

En el caso de «los ángeles de Charlie», el diagnóstico no plantea grandes problemas. El sufrimiento proviene de la relación (esquecipatía) entre dos gatos (intraespecífica) y está ligado a la distribución del territorio (biotopatía). Hoy en día, lo llamamos biotoesquecipatía intraespecífica. Antes se hablaba de ansiedad de cohabitación, y si la idea de un trastorno ligado a la cohabitación es correcta, los dos gatos no siempre sufren ansiedad. Podemos encontrar toda la gama de estados psicopatológicos: desde el normal, reactivo, hasta los fóbicos, la ansiedad en sus dos formas (productiva o inhibida) o la depresión. Con este diagnóstico sistémico no termina el trabajo del profesional; también debe establecer un diagnóstico para cada gato. Si bien Charlie no tiene ningún problema —ser demasiado simpático no es anormal—, no estoy seguro de que este sea el caso de Kiss y Chérie.

Como ocurre a menudo, la distinción entre lo normal y lo patológico plantea la cuestión de trazar el límite. Tras examinar

139

los comportamientos, podemos decir que Chérie necesita mejorar su autocontrol, pero no podemos diagnosticar que padezca un síndrome de hipersensibilidad-hiperactividad. Lo mismo ocurre con Kiss: su equilibrio es frágil y sin duda ha sufrido un desarrollo en el que ha contado con pocos estímulos, pero entra en la amplia categoría de «todavía normal». Podemos decir esto, por ejemplo, porque los patrones de sueño no indican ansiedad o depresión. Todos estos gatos duermen y sueñan sin problemas, pero antes Kiss tiene que «hacer la cama», como dice Béatrice. La gata de más edad debe ahuyentar a Chérie *manu militari* todas las noches. Estos tres gatos juegan y tienen un apetito sano y equilibrado. No hay marcas de orina ni arañazos excesivos. Los tres ponen sus marcas faciales en objetos inanimados y en Béatrice.

Amar no siempre es tocar

Kiss nunca ha soportado que la toquen durante mucho tiempo: si Béatrice quiere cogerla en brazos, la gata en ocasiones forcejea y araña. Incluso cuando Kiss entra en contacto con ella por iniciativa propia, tras una o dos caricias, a veces bufa y se va, o levanta una pata delantera amenazadora. En el programa *Le Monde de Jamy*[15] tuve la oportunidad de explicar el síntoma del gato que muerde en respuesta a las caricias, algo que a menudo confunde a las personas. Ya en el vientre de la madre, habituarse al contacto mediante caricias suaves permite al gato tolerar y apreciar nuestras caricias. Los gatitos que se han desarrollado sin este aprendizaje precoz (el sentido táctil funciona en los gatitos al menos quince días antes de nacer) tienen capacidades muy diversas para tolerar el contacto cutáneo, que les puede parecer desagradable y casi doloroso. A los humanos les cuesta mucho comprender el síntoma del gato que muerde cuando lo acarician, porque creen que su gato es ladino o voluble: araña o muerde aunque parezca que él ha pedido contacto. No nos cansaremos de explicar que, para un

140

gato, estar apegado no significa que le guste que lo toquen. Que se tumbe a nuestro lado ya es una señal importante de que lo tranquilizamos y le ofrecemos seguridad. La intolerancia al contacto de Kiss es una marca de que las primeras fases de su desarrollo se produjeron sin contacto, pero no evidencia ansiedad.

Por supuesto, la combinación de esta predisposición a la ansiedad y la falta de autocontrol favorece la aparición de conflictos, pero cuando la semiología nos dice que ningún gato está enfermo, sabemos que el pronóstico es bueno.

Recrear un entorno armonioso

A continuación, construimos una terapia y, como casi siempre en el caso de los gatos, se trata, ante todo, de una terapia ecológica. Tenemos que restablecer la armonía del biotopo identificando y respetando las diferentes áreas mencionadas en el capítulo 2 para cada gato. Destaquemos la importancia del área de aislamiento, especialmente para el gato con tendencia a la ansiedad que, menos que otros, quiere compartirlo.

Existen métodos más o menos sofisticados. Cuando los animales están identificados con microchip y los dueños pueden permitirse el coste (unos doscientos euros) de este equipo, recomendamos el uso de gateras inteligentes, que solo se abren para el gato identificado cuando llega a su área de seguridad y el gato enseguida se da cuenta de que ya no lo molestan.

Como con Lucifer (p. 37), utilizamos un estímulo disruptivo (pistola de agua o espray limpiador de teclado de aire comprimido) para interrumpir los ataques de Kiss a Chérie sin castigarla. La disrupción no es un castigo. Da tiempo al gatito para buscar refugio en otra parte, y puede sugerir al perseguidor que reoriente su acción hacia un juego, aunque esto no siempre sea fácil.

Reestructuración ecológica, interrumpir y redirigir el comportamiento agresivo, poner fin a los castigos... Así están construidas la mayoría de nuestras terapias felinas.

Como hemos visto, Chérie y Kiss no sufren un estado patológico, pero sí muestran ciertas tendencias: hiperactiva en el caso de Chérie, ansiosa en el caso de Kiss. En nuestro tratamiento, utilizaremos nutracéuticos diferentes para las dos.

Para Chérie, una proteína de la leche, la alfa-lactoalbúmina, rica en triptófano. Es un precursor de la serotonina, un neurotransmisor del cerebro que actúa sobre el autocontrol. A Kiss se le administra otra proteína de la leche, la alfa-casozepina, un análogo estructural del GABA, un neurotransmisor importante en el control de los estados de ansiedad. Habríamos añadido un difusor de feromonas, pero como Béatrice llevaba varias semanas utilizándolo sin éxito, no insistimos.

Al cabo de seis semanas, la mejora fue significativa y lo bastante rápida como para que Béatrice no necesitase comprar la gatera conectada. Una vez comprendido el principio, simplemente ha convertido su dormitorio en un santuario al que solo Kiss tiene acceso. La forma en que Kiss duerme ahora allí, boca arriba, relajada, confirma que se siente perfectamente segura.

De vez en cuando se repiten las persecuciones y, para terminar de mejorar la situación, añadimos una gota de aceite de cáñamo en la boca, en el pliegue gingivolabial, por la mañana y por la noche, a ambos animales. Recientemente autorizado, este suplemento relaja y, en algunos casos, aumenta el autocontrol.

Desde entonces, las noticias son buenas y los ataques han cesado. Béatrice constata que, aunque la situación ha mejorado y ya no hay peligro, no está segura de que Kiss, que es mayor y a la que quiere proteger por encima de todo, sea feliz mientras haya un intruso en su casa. Se plantea la cuestión de quedarse con Chérie, pero ha comprendido cómo funcionan sus pequeños felinos y tiene tiempo para pensárselo sin ninguna urgencia.

Obligar a los gatos a vivir juntos, obligarlos a vivir con otros seres vivos, nunca da resultados garantizados. Capaces de crear vínculos de gran intensidad, también son capaces de sufrir en la misma medida las relaciones que se les imponen. Una vez comprendido esto, podemos explicar a nuestros clientes que, en lo referente a gatos y sus relaciones, todo es posible, pero nada, obligatorio. Cuando esto ocurre, aumenta el riesgo de que se convierta en algo negativo para el gato.

Mientras que Isis demuestra que la convivencia no siempre es fácil, porque corremos el riesgo de cometer malentendidos de especie, «*Los Ángeles de Charlie*» muestran que, incluso dentro de una misma especie, la superposición de espacios vitales y la cohabitación impuesta pueden originar situaciones tensas.

Por fortuna, la mayoría de las veces, podemos entender y resolver los conflictos, combinando nuestros esfuerzos por empatizar tanto con las personas como con los felinos, haciendo las modificaciones ecológicas necesarias y recurriendo a las terapias adecuadas y los cuidados terapéuticos pertinentes.

Capítulo 4

Alguien voló sobre un nido de gatos locos

«Todos los gatos son mortales. Sócrates es mortal;
por tanto, Sócrates es un gato».
EUGÈNE IONESCO

Ha llegado el momento de plantear una pregunta crucial: ¿pueden los gatos estar «locos»?

Ya hemos explorado diversos ámbitos de la patología conductual de los gatos: sus relaciones, su espacio vital y su propia naturaleza de presa los exponen a muchos sufrimientos que requieren nuestra intervención para restablecer su equilibrio emocional. Todo esto entra dentro de lo que hace unos años se habría llamado neurosis, antes de que el término se eliminara de las clasificaciones. El término englobaba todos los estados patológicos ligados a la dificultad de vivir y adaptarse, en función tanto de la personalidad de cada animal como de su entorno. Hablamos aquí de estados fóbicos, ansiosos y depresivos que son los motivos de la gran mayoría de nuestras consultas, sobre todo, si añadimos el déficit de autocontrol que encontramos, por ejemplo, en el síndrome de hipersensibilidad-hiperactividad o en la asquecia. Todos estos gatos tienen las cuatro patas en el suelo, aunque a veces su mundo no sea el nuestro y comprenderlo requiera un esfuerzo de imaginación y descentramiento.

Hablamos de la posibilidad de que nuestros felinos domésticos sufran psicosis. Este término engloba todos los estados en los que se puede demostrar una desconexión de la realidad, y es en estos casos cuando podemos hablar de un «gato loco».

El término «locura» es fuente de muchas controversias, y lo utilizamos entre comillas para anunciar cierta reserva, aunque todo el mundo pueda entender más o menos lo que quiere decir.

Psicopatología felina

En su libro *Folies animales,*[1] Michel Kreutzer, catedrático emérito de Etología, coincide con lo que venimos defendiendo desde 1999, año en que se fundó la asociación ZooPsy. Tanto en su libro como en algunas entrevistas, afirma que, desde el momento en que dotamos de psique a otros animales, o al menos a algunos de ellos, es obvio que podemos hablar de psicopatología. Al decir esto, utiliza los términos de la famosa introducción de Henri Ey[2] (que él cita), en la que define, creo que por primera vez, el término «zoopsiquiatría». Al mismo tiempo, afirma que se debe tener cuidado de no trasladar categorías de una especie a otra, y que es, sin duda, necesaria una psiquiatría para cada especie. Nuestra zoopsiquiatría es la hija natural de la etología y, por tanto, del conocimiento de los repertorios conductuales de cada especie en toda su riqueza y diferencias, y de los procesos psicopatológicos comunes, pero cuya importancia varía según el etograma (el conjunto de comportamientos conocidos de una especie).

Por ejemplo, como ya hemos dicho, en todas las especies de presas, la sensibilización hacia lo que supone un peligro es un fenómeno útil y natural, pero muy incapacitante cuando pierde su aspecto adaptativo y sume al animal en un terror desmesurado.

La combinación de ambas cosas —repertorio normal y procesos patológicos— crea una zoopsiquiatría que es distinta para cada especie, pero con muchos puntos en común, y ofrece al profesional acceso a la representación de la enfermedad mental para una especie determinada.

La revolución semántica que se produjo hace unos años en torno a los nombres de las enfermedades de los gatos, y que he abordado en los capítulos anteriores (biotopatías, esquecipatías, etcétera), ha sido muy fructífera, por ejemplo, cuando dirigimos nuestra atención a otras especies como el caballo o el conejo. Aunque es una labor todavía en curso, los planteamientos de nuestros estudiantes en sus trabajos de fin de carrera han allanado el camino para armonizar la nosografía psiquiátrica veterinaria de todas las especies que tratamos.

Así que podemos trazar una línea divisoria entre todos los trastornos ligados a las dificultades de la vida y los que se caracterizan por una pérdida de contacto con la realidad, en mayor o menor medida.

Esto sigue sin responder a nuestra pregunta: ¿pueden nuestros gatos estar locos?

Es realmente impresionante ver hasta qué punto, a muchos filósofos, biólogos y etólogos esta noción de locura les parece insoportable, como si, por lo menos, hubiera que reservarla para los seres humanos, los únicos que pueden sufrir enfermedades mentales: incluso en términos negativos, hay que situarse fuera del reino animal.

Nosotros postulamos lo contrario: decimos que toda especie animal, en su representación del mundo, y todo sujeto de esa especie, en su representación de sí mismo en el mundo, pueden experimentar estados patológicos en los que la conexión con la realidad se altere o se pierda. A eso llamamos estados de desrealización, que pueden existir en diversas enfermedades mentales, y que percibimos como locura. Para nosotros, locura es, por tanto, sinónimo de un estado grave de pérdida de contacto con la realidad.

Locura, nada de comportamientos impactantes

No incluimos en el término «locura» lo que algunos llaman «locura animal», que no tiene nada que ver con la pérdida de contacto con la realidad de un individuo perteneciente a una especie determinada y que vive en un entorno específico. El infanticidio perpetrado por delfines, monos o leones es completamente independiente de la locura, aunque nos escandalice, porque hemos olvidado que matar a los hijos de los rivales con pretensiones sucesorias era una práctica bastante común entre reyes de casi todas las civilizaciones. El infanticidio en estas especies plantea sobre todo la cuestión de cómo reconocer a las crías que pueden ser propias, y qué estrategia utilizan las hembras para confundir a los machos y proteger a su prole. Nada en estas adaptaciones, a veces sutiles, a veces violentas, pero siempre comprensibles y pertinentes, sugiere una pérdida de contacto con la realidad, sino que, al contrario, las adaptaciones rompen una vez más el techo de cristal que algunos querrían construir, a toda costa, entre el hombre y los demás animales, porque demuestran que ellos también tienen estrategias para construir dinastías. Incluso se ha planteado la hipótesis de que las madres participan en el infanticidio, lo que demuestra la complejidad de los cerebros animales. Este comportamiento, que nos parece extraño e incomprensible, no se limita a la especie humana, aunque, que yo sepa, ninguna leona ni madre delfín o chimpancé ha ordenado sacar los ojos a su hijo y dejarlo morir de sus heridas, como hizo una vez Irene, la madre de Constantino, para ocupar su lugar en el trono de Bizancio.

No debemos confundir lo que puede parecernos demencial, pero posible de explicar en términos de una lógica distinta, con la locura que causa sufrimiento y separa a un individuo de la realidad que comparte una especie.

Testimonios animales

Como siempre, invitaré a algunos testigos, gatos que nos contarán ellos mismos cómo su percepción de la realidad, muy alterada, puede desembocar en trastornos psíquicos importantes. Estos gatos están locos, y es mi misión —y a veces mi desesperación— tratarlos. Por supuesto, en el ser humano el habla se añade a la sensación de extrañeza, pero cuando nos proyectamos en el universo de nuestros felinos domésticos, podemos captar la misma sensación de sufrimiento que le provoca la imposibilidad de comprender lo que sucede en su interior y a su alrededor, o de comunicarse con los interlocutores habituales.

Creo que mi experiencia me autoriza a decirlo: los gatos pueden estar «locos», como los perros y los loros, pero también como ciertos animales salvajes. En mi libro sobre el apego y sus posibles abusos, tuve ocasión de hablar de Kamuniak, la leona que saltó a los titulares por proteger a una cría de órix, en las Navidades de 2001, y conmovió al mundo entero. Los lugareños, al principio, admiraron su comportamiento (la llamaron Bendita), pero, cuando empezó a llevarse a otras crías de órix, y su pasión parecía haberse convertido en locura se preocuparon.[3]

También utilicé el ejemplo de Tilikum, la orca macho responsable de tres de los cuatro accidentes mortales ocurridos en parques acuáticos en los últimos cuarenta años. Un famoso cortometraje[4] la ha convertido en el símbolo del maltrato impuesto a esta especie en los grandes parques acuáticos. No pretendo defender este tipo de instalaciones, ni mucho menos, pero apelo a un razonamiento científico: si las condiciones de vida fueran las únicas responsables, habría muchos más Tilikum y muchos más accidentes.

Esta orca parece caracterizarse por unas capacidades cognitivas muy elevadas, que detectó su cuidadora, Dawn Brancheau, experta en adiestramiento de cetáceos y su última víctima. Brancheau reconoció las excepcionales capacidades de Tilikum, muy superiores a la media de las orcas con las que había estado. Pero, repentinamente, podía convertirse literalmente en un «loco», con un brutal cambio de humor y una peligrosidad sin límites. El día del accidente, Brancheau se dio cuenta de que Tilikum tenía un mal día. Estos rasgos nos convencen de que la orca padecía un trastorno bipolar como el que mencionamos en el caso de Nougatine. Parece que, al menos en tres ocasiones había sufrido ataques que le hicieron perder todas las referencias y lo llevaron a matar. No niego que el contexto pudiera haber agravado su situación: me parece que, como en mi práctica diaria, la aparición de una patología psiquiátrica es siempre el resultado de una combinación de vulnerabilidad individual y entorno desfavorable, en distintas proporciones. Algunas patologías se expresan casi siempre, al margen de las condiciones, mientras que otras son muy sensibles a la calidad del contexto, pero siempre hay una participación cruzada.

La distimia bipolar que describimos en Nougatine roza los estados de desrealización. En los casos leves, solo hay una reacción exagerada o, por el contrario, una pérdida de reactividad, aunque el individuo sigue conectado con la realidad. Esto puede incluso ser normal, como lo es para nosotros los seres humanos. Algunas personas tienen un estado de ánimo bastante constante, pero muchas experimentan variaciones espontáneas de baja amplitud. Cuando se acentúan un poco más, se utiliza el término «ciclotimia» para designar ese estado, en el que alternan fases productivas, alegres, a veces rayanas en la hiperactividad, con momentos más sombríos, impregnados de tristeza sin motivo o de anhedonia (es decir, incapacidad para sentir emociones positivas).

Cuando tanto la hiperactividad como la hipoactividad superan el umbral de lo normal, la medicina veterinaria habla de distimia bipolar, que puede compararse con el trastorno bipolar humano.

Los episodios productivos más marcados (con agitación violenta y ataques, que pueden ser impresionantes) nos llevan a veces a clasificar estos casos extremos como enfermedades psiquiátricas graves, con estado de desrealización.

Estoy convencido de que Tilikum lo atestigua, y su ejemplo aboga tanto por la necesaria evolución de las condiciones de cautividad (hasta su desaparición) como por el respeto debido a la inteligencia de este individuo, que combinó genio y locura.

Lisbeth, pantera por prescripción

Annie vivía con Lisbeth, una bonita gata tricolor, antes de conocer a su compañero Luc. Cuando Luc fue a vivir con Annie, Lisbeth tardó varios meses en aceptarlo. Fue necesario casi un año de zarpazos, arañazos y patadas para, al fin, llegar a una convivencia armoniosa. Luc y Lisbeth pudieron incluso acurrucarse en el salón durante el telediario de la noche.

Un día, a Lisbeth le dolía la boca. Annie la llevó al veterinario que, como suele ocurrir, utilizó corticosteroides para aliviarla. En principio, el resultado es rápido y espectacular. Pero, de repente, cuando parecía que el dolor había remitido, el humor de Lisbeth se deterioró y se volvió amenazante. Esa noche, cuando Luc quiso reunirse con Annie en el dormitorio, porque se quedó un rato más viendo la tele, ella le advirtió que no le parecía buena idea: la gata daba vueltas por delante de la puerta escupiendo y bufando. Por los años de convivencia y, probablemente, víctima de ese sentimiento masculino de tener miedo a mostrar debilidad, Luc cruzó el umbral hacia el dormitorio. Lisbeth se abalanzó sobre él y lo arañó y mordió hasta el punto de que debieron llevarlo a urgencias. Conviene recordar que hay más ingresos hospitalarios por ataques de gatos que por ataques de perros, aunque no tengan la misma repercusión mediática. Algunos de nuestros colegas, bomberos voluntarios en sus horas libres, relatan estas intervenciones de urgencia, alertados por aterrorizados dueños, refugiados en el aseo o en un balcón, que hablaban de gatos que se habían vuelto «locos» y querían atacarlos, lo que representaba un peligro real.

Humor bajo influencia

Como sabemos, además de tener propiedades antiinflamatorias, los corticosteroides tienen un efecto sobre el estado de ánimo y alteran con frecuencia el eje hipotálamo-hipófisis por retroalimentación. La relación entre este eje, la administración de corticosteroides y la aparición de psicosis es bien conocida y ha sido objeto de numerosas publicaciones en medicina humana.[5] En nuestra psiquiatría veterinaria, que a veces debe luchar por existir y carece de apoyo universitario para llevar a cabo este tipo de estudios, aún no hemos llegado a tanto, pero, aunque sabemos que debemos tener cuidado de trasponer sin precaución las categorías humanas a los animales, nada nos impide sospechar el mismo tipo de mecanismo en estos cambios de humor repentinos y violentos.

En nuestra realidad clínica, los casos como el de Lisbeth, aunque infrecuentes, son lo bastante comunes como para obligarnos a reflexionar. Los fármacos que ejercen una acción más o menos directa sobre el equilibrio del eje hipotálamo-hipófisis (como los corticoides ya mencionados, ciertos progestágenos —acetato de megestrol—) y algunos antieméticos centrales (metoclopramida) pueden inducir, rara vez, pero de forma espectacular, el equivalente de lo que podría ser un «arrebato de delirio», con una pérdida de contacto con la realidad y, en el caso de nuestros carnívoros felinos, armados de dientes y garras, un aumento repentino e imprevisible de su peligrosidad.

Tenemos una prueba indirecta de la implicación del eje hipotálamo-hipofisario por el efecto terapéutico antagónico de estos episodios utilizando un producto dopaminérgico, que sabemos actúa al nivel del hipotálamo y puede restablecer un cierto equilibrio.

Luego, hay que conseguir administrar el producto a un gato fuera de control que puede ser muy peligroso. Sorprendentemente, a menudo la persona que es la principal figura de apego sale indemne de la crisis. Así ocurrió en el caso de Lisbeth. Annie estaba protegida, desde luego, no podía hacer lo que quisiera, pero sí atreverse a darle la medicina sin que la destrozara al instante. Estos casos impresionan mucho y siempre admiro la valentía de los dueños que deciden tratar a sus gatos en estas condiciones. Hablamos de Nougatine y de la familia de Catherine: la afección no era tan grave, pero aun así, hizo falta perseverancia e ingenio. En el caso de Lisbeth, el pronóstico era mucho mejor: ataque iatrogénico, lo que significa que los síntomas están relacionados con la administración de un medicamento. Una vez pasado el efecto, podemos esperar que la situación vuelva a la normalidad. Administrar el fármaco adecuado acortará el episodio de un mes, o más, a quince días como máximo. Este fue el caso de Lisbeth: confinada en la cocina, Annie pudo darle la medicación, todo un logro. Durante quince días, cuando la silueta de Luc pasaba por detrás de la puerta de vidrio esmerilado de la cocina, Lisbeth fintaba y atacaba la sombra proyectada en la puerta con todas las uñas fuera.

Efectos secundarios a tener en cuenta

Se necesita un alto grado de apego y un deseo inquebrantable de conservar a un gato para aceptar esta peligrosa situación: a veces sugerimos al colega que administró el tratamiento hospitalizar al gato durante unos días o semanas, el tiempo suficiente para que su estado de ánimo vuelva a la normalidad. Hoy en día, la mayoría de los veterinarios saben que esto puede ocurrir, pero este efecto secundario, muy indeseable, es tan raro que, a veces, olvidan indicarlo a los dueños del gato. Conocerlo no basta para predecir la aparición del episodio (no medimos el tamaño de la hipófisis ni el impacto de los corticoides en el hipocampo), pero permite reaccionar de inmediato diciendo: «Esto es excepcional, pero puede ocurrir. Póngase a salvo. Si puede, meta a su gato en el transportín y tráigalo a la clínica: ¡nosotros nos ocuparemos de él!».

Es la única forma de proteger tanto a los dueños como, sobre todo, al gato, para quien, a menudo, la única opción es la eutanasia, pues ver al animal transformado de esa manera destruye la confianza de quienes conviven con él.

Lisbeth tuvo la suerte de vivir con Annie, que no tenía intención de separarse de ella, sobre todo tras darse cuenta de que su transformación en pantera devoradora de Luc era temporal. Se mantuvo firme, la trató y protegió tanto a su pareja como a su gato. Tres semanas más tarde, la armonía había vuelto a la familia. Lisbeth y Luc reanudaron sus citas frente a la tele, aunque Luc tenía un miedo comprensible, y Lisbeth no parecía recordar que, durante unos días, gracias al extraño efecto de la medicación, se había convertido en una pantera por prescripción.

Por último, el veterinario debe anotar en la ficha del paciente que es vulnerable a un cambio de humor o episodio distímico tras el uso de determinados productos, desde entonces prohibidos para este gato.

Así pues, un medicamento puede inducir la locura, lo que nos recuerda que la salud mental y la orgánica no son cosas separadas, sino constituyentes de un único equilibrio general, en el que todo está relacionado. Algunos dirán que esta locura inducida no es una verdadera enfermedad «autónoma», y al hacerlo, olvidarán la multitud de enfermedades que desencadenan otros tratamientos. Nadie diría a un paciente que sufre una infección nosocomial que lo suyo no es una verdadera enfermedad, cuando su gravedad y su pronóstico, a veces mortal, son motivo de preocupación para toda la profesión médica. Puede tenerse la seguridad de que, igual que Kamuniak o Tilikum dan fe de la existencia de la locura en la naturaleza, también hay testimonios de «locura» espontánea en nuestros gatos domésticos.

Ya podemos ver hasta qué punto la estructura no social de la especie felina modifica la expresión de los trastornos del comportamiento. Como la familiarización se adquiere a través de la experiencia y no es una predisposición natural en la especie felina, suele ser lo primero en verse afectado, mientras que el vínculo de apego, que es de naturaleza diferente y más profunda, a veces puede seguir respetándose, incluso cuando se pierde el contacto con la realidad. No obstante, en otros casos, hasta la persona más cercana al gato está en peligro, y no debemos pensar que el vínculo extiende siempre un manto protector. Aunque en cierto modo, lo hace: en nombre de su relación, la persona que convive con su gato nos pide que hagamos todo lo posible por controlar estos estados. Sin apego, el resultado sería mucho más a menudo fatal para el animal.

La consulta de psiquiatría veterinaria

Cuando Nathalie llamó para pedir información, intuí que aún no se había decidido a venir a verme. Me describió un gato con patrones de comportamiento variables y problemas cutáneos recurrentes, caracterizados, entre otras cosas, por la alopecia (pérdida de pelo que hace visible la piel) en el lomo. Varios dermatólogos veterinarios habían examinado su caso y puesto a prueba sus buenas artes, pero, ante la complejidad de la situación, ellos también se tiraron de los pelos y abandonaron. El último al que consultaron, en cuya clínica yo trabajaba a menudo, aconsejó a la señora que comprobara si el equilibrio psicológico estaba implicado en la afección.

Hoy en día, existen centros hospitalarios veterinarios que reúnen a varios especialistas, capaces de realizar todos los procedimientos médicos y quirúrgicos, y los psiquiatras veterinarios encuentran poco a poco su lugar en estos centros. Los intercambios son fructíferos cuando pueden producirse, y todos contribuimos al progreso de la medicina cuando añadimos a las competencias hiperespecializadas la capacidad de abarcar al individuo en su totalidad y en su entorno: es el concepto de la medicina única («One Health») que nos invita a no olvidar el vínculo, dentro del cuerpo, entre todos los órganos, ni el vínculo entre el cuerpo y los demás seres vivos que lo rodean y con todo su biotopo. Por suerte, no debimos esperar a estos avances para que muchos de nuestros colegas pensaran en esos vínculos y nos invitaran a aportar nuestra opinión cuando una enfermedad física, rebelde y recurrente no responde a sus tratamientos.

Así que aquí estoy al teléfono con Nathalie: no es hostil, está dubitativa. Debo reconocer que, después de más de treinta años de repetir explicaciones parecidas, a veces olvido que mi interlocutor las escucha por primera vez. «¿Qué va a hacer? ¿Cómo? ¿Está seguro de conseguir resultados? Ahora no está en crisis, no verá nada». Es difícil no interpretar estas preguntas o argumentos como una declaración de desconfianza, pero, en la inmensa mayoría de los casos, simplemente reflejan una preocupación legítima. Por lo tanto, debo insistir con paciencia en que, como en todas las disciplinas médicas, tenemos la capacidad de establecer un diagnóstico, gracias a nuestra semiología del comportamiento (el estudio de los signos clínicos) y a nuestra capacidad de recopilar información y antecedentes.

También debemos recordar que los cardiólogos no necesitan correr al lado de sus pacientes, ni los dermatólogos de humanos o animales verlos cubiertos de pápulas o pústulas para comprender la afección que sufre su paciente. El enfoque médico está en el centro de nuestra práctica, y puesto que nuestras consultas siguen siendo misteriosas para algunos, recordaremos aquí su estructura y los principios en que se basan.

En un primer momento, recogemos el motivo, la queja de los humanos que acompañan al gato: «Es sucio... Ataca...». Esto nos ayuda a orientarnos, pero jamás nos ofrece una respuesta inmediata. Da igual que la solución parezca obvia, es necesario confirmarla.

Motivo y demanda

El motivo es un elemento y la demanda, otro. Esto es sin duda lo que marca la diferencia con otras disciplinas, aunque existan ciertas similitudes con las que, a menudo, se enfrentan a enfermedades crónicas: una inversión importante (tanto en tiempo como en dinero) y un pronóstico incierto (dermatología, oncología, dietética, etcétera).

Un mismo motivo puede esconder demandas muy diferentes: considérese, por ejemplo, el caso de un gato sucio que mancha con regularidad el hogar, dejando restos malolientes de orina.

La demanda que parece evidente es: ¡esto tiene que acabar! Pero no siempre es así. A veces, ocurre desde hace tanto tiempo que los dueños se resignan y solo quieren asegurarse de que no sea una señal de malestar de su gato (¡de hecho lo es!).

O (y esto es más fastidioso y debe detectarse rápidamente), quizá, este motivo oculte la voluntad de no quedarse con el animal que se ha convertido en indeseable, muy alejado de la imagen fantástica que las personas podían haberse formado de él, o demasiado perturbador para la vida social y familiar.

A menudo, la cuestión de la demanda concreta nos permite evaluar los recursos del sistema: ¿le queda energía al grupo para aplicar nuevas soluciones? ¿Están los dueños tristes, agotados, desesperados, exasperados o llenos de esperanza y dispuestos a intentarlo de nuevo?

En mis muchos años de docencia de esta disciplina, a menudo he comprobado lo difícil que es medir el tiempo que el veterinario dedica a escuchar la demanda del dueño: a veces no es suficiente, y el cliente cree que habla con una pared y no entiende el planteamiento. En otras ocasiones, es demasiado y se corre un gran riesgo de verse envuelto en detalles apresurados, que solo adquieren toda su importancia si se introducen en el cuestionario, pero pueden olvidarse cuando, por fin, se aborde esta parte.

La belle histoire

Una vez que se haya dedicado el tiempo necesario a esta parte del proceso, la recopilación de datos semiológicos desempeñará un papel importante. El papel del médico es aquí el de un traductor: debe transformar los signos (las observaciones hechas por el dueño en un lenguaje trivial, ingenuo y personal) en síntomas reconocibles para cada médico y vincularlos, si es posible, a la implicación de un neurotransmisor particular, lo que nos pondrá en el buen camino hacia la molécula, el diagnóstico o la terapia adecuados. Nuestras consultas son largas, pero sin nada de cháchara; todos los signos, transformados en síntomas por la alquimia del conocimiento, permiten al profesional construir su propia representación de la afección. Nuestro enfoque es, por tanto, constructivista, en línea con el pensamiento de Paul Watzlawick: «La psicoterapia constructivista no se engaña a sí misma creyendo que hará que el cliente vea el mundo como realmente es. Al contrario, el constructivismo es completamente consciente de que la nueva visión del mundo es, y solo puede ser, otra construcción, otra ficción, pero una visión útil y menos dolorosa».[6] El psiquiatra veterinario construye así, a partir de los síntomas recogidos, una representación de la realidad sobre la que puede actuar, de acuerdo con los dueños, y, en cierto modo, con el gato. No es de extrañar, pues, que dos facultativos puedan construir algo diferente, pero en ambos casos eficaz, aunque el universo de posibilidades no sea infinito.

El veterinario explora todos los comportamientos del animal y no se limita al problemático. Las otras partes del repertorio nos permitirán comprender mejor cómo funciona el animal en lo tocante a neurotransmisores, algo que es esencial conocer si queremos prescribir de manera adecuada. Repasamos todos los comportamientos centrípetos (los que conciernen a la relación del animal con su propio cuerpo: alimentación, bebida, sueño, excreción, comportamientos somáticos, como el acicalamiento), luego los centrífugos (la relación con los demás, el juego con otros individuos, conductas agonísticas: agresión y huida) y, sobre todo, el exploratorio. Por último, nos interesa el comportamiento mixto, el que concierne tanto al cuerpo del animal como a su relación con el mundo y con los demás, que es muy rico en los gatos: marcaje, apego, comportamiento sexual y maternal (si los animales no están esterilizados).

Una vez explorados todas estas conductas, no debemos olvidar fijarnos en las condiciones de desarrollo del gato, los antecedentes médicos que hayan podido marcar su vida y que, tal vez, sean el punto de partida de los problemas de comportamiento. Además, como parte del proceso de consulta veterinaria, siempre realizamos una exploración física, que a veces resulta difícil pero nos enseña mucho.

¡Por eso una consulta psiquiátrica felina (y esto es igual o peor con los perros) no puede durar diez minutos!

La comprensión y la eficacia de la intervención dependen de un conocimiento íntimo de la vida de Moustache, Flora o Belcebú, del gato que tenemos delante, y no de un conocimiento general, más o menos bien hilvanado. Recuerden la riqueza de combinaciones que ofrece su doble naturaleza de presa y predador y comprenderán que el enfoque solo puede ser individualizado, aunque se base en principios generales.

Terapia conductual

Una vez realizado el diagnóstico, el psiquiatra veterinario se lo transmitirá a su cliente y deberá obtener su apoyo para el plan que ha trazado. Si el dueño no comparte su visión, se reducen las posibilidades de éxito. No hay que dudar en invertir el tiempo necesario en la explicación, a veces utilizando metáforas e imágenes que hagan aceptable, por ejemplo, una medicación que, en principio, no encaja con la idea que la persona tiene de la naturaleza de su gato.

Una vez aceptado el diagnóstico y el tratamiento, el veterinario puede ya prescribir, anotar los detalles del tratamiento (cuántos comprimidos o gotas, cuántas veces al día, cómo administrarlo) y, también, y principalmente, todas las explicaciones de la terapia conductual. Con los gatos, como ya se ha expuesto, casi siempre empieza por abandonar el castigo físico —no ponga el grito en el cielo si jamás se le ha pasado por la cabeza pegar a su gato; le sorprendería, si pudiera espiar mis consultas, la cantidad de gente que, entre otras cosas, ha castigado, pegado o gritado muy fuerte a su gato—. Suelo comentar el caso de una señora de cierta edad, de una categoría socioprofesional alta, que me confesó haber pegado a su gato con un listín telefónico: «Leí en una novela policíaca que no dolía, que no dejaba marcas y causaba una fuerte impresión». Desde luego, a mí me causó una fuerte impresión, y, sin duda, también al gato. Cuando los dueños nos confían cosas así, es porque han entendido que no pretendemos juzgarlos, sino ayudarlos (lo que no significa que estemos de acuerdo con todo, ¡y menos con los golpes de listín!). Estas confesiones nos ofrecen multitud de información valiosas y precisas, que podemos utilizar en nuestro tratamiento, y, a veces, con la empatía necesaria, agradecemos que compartan un detalle que demuestra su confianza en nosotros.

Una vez realizado el diagnóstico y prescrito el tratamiento, lo más importante para quienes viven con la enfermedad es el pronóstico. ¿Cuánto durará? ¿Cuánto costará el tratamiento? ¿Qué probabilidades de éxito hay? Todas son preguntas legítimas y, conforme avanza nuestra disciplina, cada vez las resolvemos mejor.

Seguimiento esencial

Por último, todavía debemos establecer el marco de seguimiento: somos cualquier cosa menos magos y, en función del diagnóstico, tenemos que apoyar a los dueños durante periodos más o menos largos en el trabajo de terapia conductual. Ya hemos tenido ocasión de mencionarlo en el caso de Choupette, pero, hoy en día, la teleconsulta ha contribuido enormemente a nuestro oficio, y esto es aún más cierto en el caso del seguimiento. A veces oímos hablar de la telemedicina como una medicina degradada, pero mis muchas experiencias me han forjado la sensación de una medicina diferente y complementaria.

Por supuesto, es imposible realizar un examen físico adecuado a distancia, aunque, sin duda, es una cuestión de tiempo y equipamiento hacerlo posible. Ya he tenido clientes que, interesados y en condiciones de hacerlo, han comprobado algunos reflejos posturales con su gato en casa, lo que me ha permitido descartar ciertos trastornos neurológicos. Por otra parte, poder observar a un gato en su entorno sin molestarlo, sin que nuestra presencia se considere una intrusión importante y sin obligarlo a desplazarse a lugares en los que no podrá encontrarse a gusto es una ventaja considerable. El seguimiento nos permitirá evaluar la evolución de la afección, para empezar, desde una perspectiva global, y después, revisando todos los elementos que funcionaban mal en la primera consulta, sin olvidar la comprobación de que nada más se haya alterado. Esto permitirá ajustar la terapia conductual. Observar cómo está organizada la vivienda ayudará a identificar elementos insospechados durante la consulta y a afinar las medidas de modificación ecológica. La descripción de los efectos secundarios marcados o inusuales nos indica cómo adaptar la terapia cambiando la dosis o el ritmo de administración, o más a menudo, sin cambiar nada, solo explicando y tranquilizando.

La duración de la terapia

A menudo, son necesarios varios meses, como mínimo, varias semanas, para curar un trastorno del comportamiento o mejorar un estado patológico, y la primera consulta, por muy buena que sea, no es suficiente. El seguimiento permite la verdadera curación: siempre es un gran momento declarar que se ha terminado el tratamiento y se han alcanzado los objetivos. Esto nos lleva de nuevo a la diferencia entre motivo y demanda. Una trampa clásica es que, durante el seguimiento, se produzca un desplazamiento de las demandas: a veces la queja inicial se resuelve, pero, contentos de ver que el cambio es posible, los dueños del o de los gatos querrán más. Entonces, es crucial dejar constancia de que se ha alcanzado el primer objetivo, que se ha satisfecho la demanda inicial, y decidir juntos si hay que continuar con un nuevo objetivo.

Eso es todo lo que se debe explicar cada vez, y no siempre tiene uno tiempo para decirlo: espero que poder hacerlo aquí, en unas pocas páginas, ayude a muchas personas a comprender mejor nuestra práctica, a aliviar sus incertidumbres y a confiar en esta nueva medicina, que trata el sufrimiento conductual de los animales.

Pero volvamos a Nathalie, que sigue al teléfono, insegura de si quiere otra consulta. Tras unos minutos de conversación, se da cuenta de que estoy dispuesto a escucharla, así que concertamos una cita.

Melly, loca como una cabra

Es lo primero que me dice Nathalie: «Cada vez que he contado mi historia, he tenido la impresión de que pensaban que estaba loca». Yo la tranquilizo: «Lo oigo a menudo y es comprensible: la psiquiatría animal no se enseña en las facultades de veterinaria, por lo que la mayoría de los veterinarios no están formados en esta disciplina. Así que se sorprenden cuando oyen síntomas que nunca han aprendido y que, para ellos, no se corresponden con nada. Hábleme de eso, y antes que nada, presénteme a esta señorita».

Nathalie coloca un transportín en la camilla de la consulta: me acerco y descubro una magnífica gata abisinia. El origen de esta raza sigue siendo un misterio: ¿procede de Etiopía, como parece indicar su nombre y la leyenda del primer gato abisinio, Zula, al que habrían trasladado de Adís Abeba? ¿O es solo el resultado de la selección de gatos con pelaje de liebre y formas orientales?[7]

Aunque repita una y otra vez, en los libros y en las clases, que la pertenencia a una raza no predice el comportamiento, sigo abierto a todo lo que la genética pueda aportarnos, y si bien la raza no es una pista suficiente, sería ridículo negar que ciertos linajes (ciertas familias) muestran rasgos de comportamiento similares y, a veces, afecciones de comportamiento idénticas que revelan una raíz genética o una causa común en el desarrollo.

Un aire de familia

Melly pertenece a esa raza de abisinios, en la que varios linajes parecen sufrir graves trastornos psiquiátricos marcados por estados de desrealización.

Así que no me sorprende lo que me dice Nathalie: «En realidad, no tengo una gata, sino dos: una Melly que se lleva bien con todos y una diablesa que nos asusta y a veces nos hace daño a todos».

Me asomo a la puerta del transportín, le hablo a Melly en tono suave y observo sus primeras reacciones. Se acerca a mí, me huele a través de la rejilla y parece tranquila. Entreabro la puerta y estiro la mano sin moverla, pero no hay señales de miedo, ni de retraimiento, y, cuando la puerta está abierta de par en par, abandona el transportín y se tumba en la camilla.

La toco, se frota contra mí, me mira inquisitivamente, con la cola erguida y la punta ligeramente enroscada, imitando a la perfección un signo de interrogación: «¿De qué va esto?» parecen decir los gatos con esa postura.

—Como le he dicho, no va a ver nada —me asegura Nathalie, y comprendo su frustración.

—No se preocupe: no pongo en duda sus palabras. Además, ya distingo zonas más claras en el lomo que muestran que el pelo no ha crecido como debería.

—Bueno, ahora no es nada. Cuando la llevé al dermatólogo, solo le quedaba una línea de pelo en el lomo.

—La creo: veo la zona que debe de haber quedado sin pelo e imagino que Melly se lo causó lamiéndose.

—¡Eso es! Se han barajado todas las hipótesis: ¡pulgas! ¿Cree usted que tengo pulgas en casa?

—Las pulgas son, con diferencia, la causa más común de este tipo de lesión, e incluso los gatos de interior pueden tener pulgas…

—No era eso, ni una alergia alimentaria ni ninguna de las otras posibilidades que probamos, y lo que más sorprendió a sus colegas fue que presentara brotes no relacionados con la estación…

—Muy bien. Ahora vamos a explorar todos sus comportamientos y, para cada uno de ellos, deme las dos versiones: cuando Melly está bien y cuando se convierte en un demonio…

La recopilación semiológica comienza entonces con, como ya he dicho, un repaso de todo lo que compone el repertorio conductual preciso de esta gata, o más bien de estas dos gatas, en el caso de Melly.

No nos sorprende comprobar el trastorno de la gata afecta a todas las funciones principales.

La alimentación es lo primero. Aunque Melly tiene un apetito normal, casi siempre, durante las crisis, alterna momentos de voracidad con otros en los que apenas come y parece irritada. A veces, desmenuza algunas croquetas y sale corriendo como si hubiera recibido una descarga eléctrica o hubiese detecta un posible peligro.

La ingestión de líquidos parece verse poco afectada, pero el comportamiento de excreción sí cambia. Nathalie describe a una gata delicada y quisquillosa que entierra cuidadosamente todas sus heces en épocas normales. Durante una crisis, aunque permanece más o menos limpia, ya no cubre las heces y, en ocasiones, sale de la caja tan rápido que las deposiciones acaban fuera.

—Aunque nada cambie en casa, siempre tengo la sensación de que el diablo la persigue.

—Una sensación mucho más dolorosa para Melly porque lleva al «diablo» dentro y no tiene escapatoria.

Utilizar las propias palabras de los clientes los ayuda a comprender mejor cómo se representa la enfermedad, y la sensación de familiaridad creada al escuchar sus propias palabras en boca de otro favorece la aceptación de nuestro diagnóstico.

No voy a detenerme en el comportamiento somestésico (acicalamiento, lamido, etcétera). Este es el comportamiento problemático: hemos hablado de él al principio y volveremos a hacerlo más adelante, pero no quiero que todo el tiempo semiológico se dedique a este único punto.

Viaje al fin de la noche

Me interesa el sueño, su calidad, los lugares que elige y si acepta o no compañía.

—Bueno, eso habría que preguntárselo a Chouchou, que es quien mejor lo sabe —dice Nathalie con una sonrisa.

—¿Quién es Chouchou?

—Chouchou, mi otro gato... un europeo de seis años, macho castrado; cuando todo va bien, durante los periodos normales, Melly duerme entre las patas de Chouchou.

—¿Seguro?

—Claro, vivo con ellos.

—Por supuesto, disculpe.

Mi asombro viene del hecho de que este fenómeno es supuestamente raro, cuando no imposible. En principio, solo los gatos hermanos o con relaciones de parentesco comparten la misma área de aislamiento. No es la primera vez que los gatos demuestran contradecir cualquier teoría. En lo referente al comportamiento felino, hay muchas excepciones a las reglas generales. Nathalie continúa: «¡No hay mejor ejemplo que el de hoy! Cuando todo va bien, a menudo los veo dormir o descansar juntos; Chouchou lame a Melly, que se deja, y luego…, en un momento dado, sin que yo note nada, Chouchou se refugia en altura y evita a Melly, así sé que la crisis vuelve a empezar».

Entonces compruebo que la cantidad de sueño parece reducida y que las fases oníricas, ya poco perceptibles en periodos normales, desaparecen.

El sueño es un elemento importante de nuestra semiología, y, a menudo, se descuida.

Nos interesan la localización y la calidad del área de aislamiento, pero más allá de eso, las características estructurales nos dicen mucho sobre el estado emocional. Los gatos hiperactivos duermen poco y sueñan poco o nada; los gatos ansiosos se despiertan y se activan; los gatos depresivos se despiertan con brusquedad, avanzan hacia el sueño REM y se sienten inquietos antes de dormir; los gatos normales, en cambio, duermen mucho y duermen como unos campeones. El equipo de Michel Jouvet (1925-2017), neurobiólogo de gran reputación, descubrió los mecanismos fundamentales del sueño REM. ¡Es un orgullo nacional!

La ciencia de los sueños

En el marco de nuestra diplomatura de Psiquiatría Veterinaria, tuvimos la alegría y el honor de recibir a Raymond Cespuglio, uno de los miembros del equipo de Jouvet que había trabajado con él en la definición de esta fase onírica, y fue un momento memorable para nosotros y nuestros estudiantes.

En experimentos que hoy ya no aprobaríamos, demostraron que la fase onírica correspondía a una actividad cerebral comparable a la de la vigilia, pero que una pequeña parte del cerebro, llamada *locus cœruleus,* abolía casi por completo el tono muscular. Una vez destruida esta zona concreta, los investigadores pudieron observar el comportamiento que puebla los sueños de los gatos. Les sorprendió comprobar que, incluso en los animales más mansos, las secuencias de comportamiento más comunes eran los ataques, seguidos de los lametones y el característico acecho.[8] El equipo se sorprendió de no encontrar ningún comportamiento sexual en los sueños felinos, pero el artículo no especifica si los animales estaban esterilizados o en fase de celo, lo que explicaría por qué este tipo de actividad no llenaba sus noches; así, por ejemplo, la frecuencia de los sueños eróticos en las personas está ligada a la actividad sexual, que tiene la característica de ser permanente, al contrario que en la mayoría de los demás animales.

«Campeones, medalla de oro en materia de sueño»: esta frase referida a los gatos se la debo a Boris Cyrulnik. Incluso habla de doscientos minutos de sueño REM para los gatos, en comparación de los cien minutos de las personas. Es posible comprobarlo, como hice yo mismo;[9] estas cifras son ciertas. Soñar es importante no solo para la maduración del cerebro de los bebés y de los niños, sino también para el equilibrio emocional y la capacidad de aprendizaje de los adultos. Tanto es así que, en contraposición a la idea de que la actividad onírica protege el sueño, los neurofisiólogos creen, actualmente, que el sueño está ahí para permitir nuestra actividad onírica.

¿Por qué es tan importante soñar para los felinos domésticos?

Mi hipótesis es que esto refleja una vez más su doble naturaleza como depredador y presa. Las actividades de un gato están divididas conforme a estas dos facetas, ambas cruciales, pero diferentes por naturaleza. Si recordamos las actividades descritas por el equipo de Jouvet, vemos que todo lo que implica acecho y caza corresponde al polo depredador y que todo lo que implica agresión defensiva y ataque corresponde al polo de la presa, que se defiende. Queda la tercera actividad, la somestesia, es decir, aquella que se centra en el cuerpo del gato. Este aseo, que a veces parece frenético, revela la importancia de una buena higiene y, sin duda, el impacto emocional de ciertas situaciones oníricas, calmadas naturalmente por un comportamiento centrado en el sujeto.

Este es un elemento más que añadir al expediente sobre la complejidad del funcionamiento cerebral de los gatos. Sueñan, sueñan mucho de hecho, y la desaparición de este comportamiento onírico es un elemento semiológico importante. No olvidemos que, en los gatos, y esto sin duda también está ligado a su naturaleza de presa, la inhibición motora durante la fase de sueño es más fuerte que en los perros (he visto a perros dormidos mover la cola en sueños con gestos que indicaban claramente que entraban en contacto con otro perro). En los gatos, las señales son mucho más sutiles. Por suerte para nosotros, los dueños de gatos suelen ser agudos observadores de sus compañeros, y describen con gran precisión bigotes que vibran, dedos que se mueven, orejas que giran como si el gato escuchase algo y, por último, pero no por ello menos importante, globos oculares que se mueven desordenadamente bajo los párpados cerrados. Es este último punto el que ha dado a esta fase del sueño su nombre en inglés, comúnmente utilizado en la literatura científica: REM *(rapid eye movements);* y el resto del sueño, en oposición, se llama fase NREM *(non rem phase).*

Cuando todo va mal

Volviendo a nuestra complicada gata, Nathalie describe una versión angelical de Melly que duerme entre las patas de Chouchou en áreas de aislamiento compartidas y accesibles, con muchas fases oníricas observables. En cambio, en modo diablo, Melly duerme mucho menos, nunca alcanza la fase REM y parece muy nerviosa e irritable, lo que indica un cambio profundo en la economía emocional y cognitiva del animal.

En esas ocasiones, su comportamiento exploratorio también es muy diferente: deambula por el piso, se sobresalta al menor ruido y puede «escupir» amenazadoramente, como hacen los gatos asustados.

Nathalie también señala que cuando Melly no está bien, desparecen los periodos de juego. La gata, que normalmente pasa mucho rato corriendo detrás de bolas de papel de aluminio o esperando a su persona favorita para jugar con los cables de sus auriculares en un ritual de bienvenida que puede durar varios minutos, ya no responde a ninguna solicitud, e, incluso, llega a reaccionar de forma agresiva.

Nadie se libra de los aullidos, de los zarpazos irritados ni de las posturas amenazantes en U invertida, pelaje erizado y orejas aplastadas contra el cráneo.

En el mundo de Melly, en momentos así, todo supone un peligro, y ella no es más que una presa vulnerable que necesita defenderse de todo, incluso de sus mejores amigos.

Nos imaginamos fácilmente el sufrimiento conductual que eso representa para este gato. En nuestro trabajo de empatía, representarnos el cambio de entorno que provoca su cerebro disfuncional es un poco como ver, siendo niños, a Blancanieves corriendo por el bosque mientras, en su imaginación, la persiguen las ramas de los árboles que quieren hacerle daño. La sensación de terror que experimentamos como niños espectadores debe de ser muy parecida a la que vive Melly. Las tres respuestas clásicas al miedo intenso son la estupefacción, la huida o la agresividad, lo que se traduce, en inglés, en la regla de las tres «F» *(freezing, flying, fighting)*. En el caso de Melly, las respuestas a sus grandes miedos, de origen interno, pero no por eso menos reales para ella, son la huida y la agresividad. Esto no la convierte en una gata «malvada», pero sí en una gata enferma. La reacción de Chouchou en estos casos es muy característica: no se enfada con Melly. La reconoce y no reacciona como si fuera una gata desconocida y agresiva. Sin embargo, se pone a salvo y no parece entender por qué su amiga cambia de repente su comportamiento de forma tan radical.

Es un elemento que siempre incluyo en mi semiótica, una forma de tener en cuenta lo que dicen *otros* animales, un respeto por su inteligencia emocional. Chouchou parece decirme: «Mira, Melly es muy rara a veces…», ¡y tiene razón! Por último, volvemos al comportamiento problemático, lo que desencadenó las consultas, el comportamiento de excesivo aseo de nuestra paciente. Lo cierto es que, tras haber recopilado los demás síntomas, la queja principal, el lamido compulsivo, se ha aclarado de una forma totalmente nueva. Cuando volvemos a eso, Nathalie resume ella misma la situación: «De hecho, cuando Melly está en su fase mala, lo hace todo con una intensidad anormal: su miedo, su agresividad, su vigilancia están exacerbados: nada es normal entonces».

Conozco esa enfermedad

Cuando la entrevista semiológica va bien, no es raro que el cliente llegue a la misma conclusión que nosotros. Solo falta dar un diagnóstico. Hoy en día, no siempre es fácil distinguir entre los dos trastornos psíquicos graves que observamos en nuestros carnívoros domésticos (y que existen *mutatis mutandis* en los seres humanos): la distimia bipolar y el síndrome disociativo. Mientras que el primero, ya mencionado con

Nougatine, deja al animal en una cierta realidad, aunque sus reacciones sean desproporcionadas, el segundo lo sumerge en otro universo que no nos es accesible y tiene pocas intersecciones con nuestra realidad. El repentino cambio de rumbo de Melly, el hecho de que parezca no reconocer a nadie y de que los demás no la reconozcan, la sensación de extrañeza que manifiesta en relación con su entorno habitual... todo ello nos lleva a optar por el diagnóstico de síndrome disociativo, un equivalente a la esquizofrenia humana, presente tanto en perros como en gatos.

Seamos claros, no se trata de decir que es la misma afección, que son los mismos delirios: el universo de un gato, su *Umwelt* (su percepción del mundo y su representación de sí mismo en este mundo, es decir, el conjunto de lo que tiene sentido para un gato en su entorno), como dicen los etólogos, no es el de una persona y no hay ninguna razón para que sus delirios sean los mismos. «Los sueños de un gato están llenos de ratones», escribió René Thom, haciéndose eco de Ludwig Wittgenstein (véase p. 58). Ambos dicen lo mismo, pero con términos diferentes: el mundo de cada especie no es comparable, y nos gustaría añadir que a eso se suma la singularidad de cada individuo. ¿Permitirá algún día el progreso técnico poner imágenes a estas pérdidas de contacto con la realidad? ¿Qué ve Melly cuando abandona el mundo de sensaciones que comparte con nosotros y entra en el suyo propio? ¿Qué enorme y colorido ratón o perro monstruoso invade de repente su mundo y la aterroriza más allá de lo imaginable? ¿Qué sensación corporal insoportable la lleva a lamerse hasta arrancarse el pelo como la joven que nos contaba cómo se arrancaba el pelo en sus episodios de delirio?[10]

Aunque la esquizofrenia humana y el síndrome disociativo felino no pueden superponerse, son, sin duda, primos hermanos, pertenecen a la misma familia de trastornos, enraizados en una fisiología cerebral desequilibrada. La vulnerabilidad genética, la influencia de las primerísimas fases de desarrollo o de la alimentación en la regulación de la microbiota: todo esto interesa mucho a los médicos humanos en la detección precoz y la prevención de la esquizofrenia, y quizá algún día forme parte también del día a día del psiquiatra veterinario.

Para eso deben reconocerse esos trastornos y creer que nuestras mascotas, en su propio mundo, también pueden estar locas.

Locura, ¿ha dicho locura?

Cuando planteo la pregunta a quemarropa en un taller al que asisten una docena de veterinarios, muy a menudo, al principio, observo un marcado escepticismo o, en el mejor de los casos, una educada indiferencia. Pero luego, cuando describo los síntomas, los recuerdos se agolpan, los casos clínicos acuden a sus mentes y, a menudo, mis colegas acaban convencidos. En estos casos, se convierten en colaboradores inestimables que, frecuentemente, me remiten al animal junto con una nota: «Estimado colega, le envío a Romeo porque creo que padece uno de los dos trastornos psiquiátricos graves que le oí describir»; es completamente cierto que solo se puede reconocer lo que se conoce.

No me cabe duda de que el tratamiento de estas enfermedades mejorará en los próximos años. Aunque, para lograrlo, falta algo fundamental: que las facultades de veterinaria abran la puerta a la verdadera enseñanza de la psiquiatría y no se limiten, como ocurre todavía hoy, a enseñar etología; es algo así como si la facultad de medicina no hablara de patología mental y se limitara a la sociología, una ciencia interesante, pero que no concierne en primer lugar a los médicos.

Somos médicos de animales no humanos y nuestro juramento, el de Bourgelat, nos compromete, igual que el de Hipócrates, a aliviar a nuestros pacientes. No tener en cuenta el sufrimiento mental no era una falta cuando nuestras representaciones y conocimientos no nos permitían participar en el diagnóstico y el tratamiento de las dolencias psiquiátricas de los animales que se nos confiaban, pero hoy, tal vez, lo sea. En un momento en que la conciencia animal ocupa el centro de la investigación científica y el bienestar de los animales se ha convertido en una cuestión primordial para la sociedad, ¿cómo podemos seguir ignorando este aspecto del sufrimiento animal?

Conocer más para mejorar la atención

Así que le anuncio el diagnóstico a Nathalie, que se queda preocupada y aliviada a la vez…

Aliviada porque no la consideré una loca, sino, al contrario, le proporcioné un marco que autentificaba sus palabras.

Preocupada, porque el diagnóstico es preocupante, y realmente no puedo tranquilizarla: por supuesto que trataré a Melly, pero sin demasiada confianza, porque me faltan antecedentes y no tengo suficientes armas. En cualquier caso, sé que el futuro de Melly se ha iluminado, y no porque pueda curarla, sino porque, conociendo a su enemigo, Nathalie va a organizarse y a dejar de luchar en la oscuridad. En una época con medios también limitados, en el antiguo Egipto, los médicos decían: «Es una enfermedad que conozco y puedo llamarla por su nombre», y esta afirmación era el primer acto terapéutico.

El tratamiento era pesado, y la negativa de Melly a tomar la medicación lo complicaba más. Las crisis eran limitadas, y el balance riesgo-beneficio no favorecía la administración diaria. Tras intentarlo unas semanas, Nathalie renunció a tratar a Melly. Creo que lo habló con Chouchou y acordaron que él la avisaría cuando empezaran los ataques. En ese momento, ella encerraría a Melly en la habitación más silenciosa posible, sin luz, sin sonido, sin estímulos, para la protección de todos, y eso se adecuaba a mi terapia conductual.

De vez en cuando tenía noticias de Melly. Murió años después de insuficiencia renal aguda, como tantos gatos que no padecen un síndrome disociativo.

Hace mucho que traté a Melly y, por fortuna para los gatos, casos como el suyo son escasos, aunque no excepcionales. Muchos pasan desapercibidos, derivan del dermatólogo al neurólogo y, a veces, acaban en eutanasia. En un pasado reciente, he visto varios gatos a los que se les ha amputado la cola tras ataques de automutilación muy graves. A pesar de la amputación del tercio distal (la punta de la cola), si el animal sigue con crisis, ningún collarín, ningún lugar resistirá su devastadora «locura», y dará lugar a una nueva mutilación que llevará a otra amputación en la cola, cada vez más arriba, hasta llegar a la primera vértebra caudal. En ese momento, ante el sufrimiento evidente y la falta de eficacia de la terapia, a menudo, se recurre a la eutanasia compasiva.

¿Cómo no comprender a los colegas que, sin haber recibido nunca una formación en psiquiatría felina, se sienten impotentes ante este dolor, tanto físico como psicológico?

Nuevas herramientas para una nueva forma de pensar

Incluso hoy, aunque la cuestión de la conciencia parece solucionada, algunas personas se siguen planteando el sufrimiento. Hace un siglo, la existencia del dolor suscitó el mismo debate, y algunos se refugiaron detrás del concepto de nocicepción para decir que los animales tenían las mismas vías de dolor y las mismas moléculas del dolor, pero lo que sentían debía recibir otro nombre para no mezclar a los humanos con los otros animales. Actualmente se ha abandonado esta tontería, e incluso se ha convertido en un imperativo de buena práctica saber cómo tratar el dolor a diario, desde las intervenciones apropiadas hasta apoyo a la vejez, pasando por todas las enfermedades dolorosas.

—Pero el sufrimiento es sufrimiento igual, ¿no?

—No se entusiasme, joven. Para sufrir, hay que tener conciencia de la propia condición, de que podría ser diferente, y de que podría, de alguna manera, haber otra vida.

Confieso que prefiero reírme, pero a veces es desmoralizante. Treinta años después, sigo encontrándome con el mismo techo de cristal que cambia de una época a otra, pero intenta separar tajantemente a los seres humanos de los demás animales.

Ahora, todo el mundo habla de bienestar, y el gato se ha convertido en un icono de esta idea, pero concederle el derecho a sufrir y volverse loco es un abismo que pocos están dispuestos a cruzar.

Por fortuna, la legión de pioneros y descubridores de una verdad obvia, pero ignorada, crece cada año. Así fue como conocí a Olivier Jacqmot, a quien invitamos desde entonces a todas las sesiones de nuestra diplomatura. Olivier es profesor de anatomía en la Universidad de Bruselas y uno de los pocos expertos en tractografía.[11] Para simplificar esta complicada técnica, digamos que es una rama del diagnóstico por imagen cerebral que permite visualizar los circuitos del interior del cerebro. Esto dio a los humanos imágenes brillantes, espléndidas que, sobre todo, han permitido poner de relieve las relaciones entre las distintas zonas y hacer visible, en cierto modo, el soporte del inconsciente, lo que ha desencadenado importantes polémicas en torno al inconsciente freudiano y al inconsciente cognitivo.[12]

Leyendo estas reflexiones diferentes y los trabajos de Olivier Jacqmot, me vienen a la mente dos observaciones: la primera es bastante general, pero abre un campo considerable, relativo a la existencia de una conciencia animal aplicada al gato; la segunda es específica del objeto de nuestro estudio, que hace referencia a un descubrimiento casual que ha permitido la tractografía en los gatos.

Un desvío por la conciencia

Para empezar, es extraordinario comprobar que la idea de una conciencia, de una cognición animal, ha incomodado enormemente a científicos, filósofos y pensadores religiosos. En oposición a las personas, los animales (yo diría otros animales, pero hacerlo sería casi un insulto para quienes afirman lo que estoy a punto de decir) no tendrían conciencia ni de sí mismos ni de su historia ni de su entorno: serían el objeto de impulsos, de un aprendizaje predeterminado, y por tanto resultaría posible verlos, como solían hacer los cartesianos, igual que máquinas sin emociones o afectos De donde se deduce que, desprovistos de conciencia, estos famosos animales no son más que juguetes de su instinto, de un conocimiento ya inscrito sin su participación. Pues bien, creo que cuando me dirigía a las asambleas de psiquiatras, para hablar de la vida psíquica de los animales, es cuando más resistencia encontraba, y si alguien planteaba una observación ácida o una pregunta capciosa, yo podía estar seguro de que procedía de un practicante de la rama más rígida del psicoanálisis. No pretendo meter a todos los psicoanalistas en el mismo saco: por ejemplo, Gérard Ostermann me recibió con una amabilidad y curiosidad extraordinarias, y nuestras conversaciones fueron fascinantes. Así pues, estos pobres «animales» no tienen derecho a la conciencia ni al inconsciente, que solo la terapia analítica puede revelar a través de la palabra. Estas ideas nos han llevado a convivir con estos «animales» sin mirarlos y sin atender a la evidencia de las emociones, del pensamiento, de la anticipación, de la construcción de estrategias, de la diferencia individual, del sufrimiento y de todo lo que, en definitiva, puede permitirnos afirmar que un individuo tiene vida psíquica propia.

Como suele ocurrir, al principio, estos conocimientos eran vulgares en el sentido estricto de la palabra, ingenuos y anecdóticos, y la evidencia es a veces difícil de demostrar de la manera más científica posible.

Explorar el campo de las pruebas de la conciencia nos llevaría demasiado lejos, pero, volviendo a nuestro felino doméstico, repasemos los seis elementos siguientes y preguntémonos si le atribuirían conciencia a Minou, Styx o Flora.

Los seis criterios de la conciencia

1. Memoria
2. Sintiencia
3. Lenguaje
4. Metacognición
5. Teoría de la mente
6. Autoconciencia

---

1. La memoria: ya hemos demostrado hasta qué punto las malas experiencias condicionan la vida psíquica de los gatos, generando estados fóbicos a través del proceso de sensibilización, que siempre es importante en las presas. Mi imagen de la libretita en la que anotan todo lo desagradable que les ha ocurrido es una metáfora de su memoria consciente e inconsciente.

2. La sintiencia: es la capacidad de percibir y sentir el entorno y de tener experiencias subjetivas. Basta con convivir con dos o más gatos, o incluso con comparar a su gato con usted mismo, para darse cuenta de que su percepción sensorial está filtrada para dar una representación subjetiva e individual. En dos palabras, M. Black y M. White viven en las mismas condiciones, pero no comparten en absoluto la misma experiencia. Actualmente, la sintiencia se atribuye a muchos miembros del reino animal e, incluso, a algunos del reino vegetal. Es una palabra que no me gusta: sé que, para muchos, es una forma de mejorar la noción de una conciencia, al menos mínima, en los animales, pero me parece que espesa el techo de cristal que quiere romper: conciencia para los humanos, sintiencia para otros animales. Me parece mucho más productivo conceder a todos una conciencia, que no es en absoluto igual. Cada especie en su *Umwelt* (su percepción del mundo y su representación de sí misma en ese mundo) es diferente, y cada individuo de una especie es único, aunque dos individuos comparten más cuanto más cerca están en el árbol evolutivo. Me resulta mucho menos difícil imaginar el mundo de un chimpancé o de un perro que —y este es en gran medida el propósito de este libro— el de un gato, cuyo repertorio está más alejado de nuestras raíces. Por no hablar de la percepción de un pez, cuando algunos investigadores, en base a, por ejemplo, los resultados de la prueba del dolor en estas especies, abren la puerta a una mínima conciencia.[13]

3. **El lenguaje:** muchos otros animales, excluidos por configuración física del lenguaje articulado, tienen estructuras de comunicación complejas que constituyen protolenguajes. En el gato, se han descrito, estudiado y clasificado no menos de veintiún tipos diferentes de vocalización, en dos artículos recientes,[14] sin mencionar los estudios fundamentales de etología felina. Los compañeros humanos de los gatos suelen conocer el significado de cada sonido que emite su gato, desde las amenazas hasta las peticiones de contacto. Aunque la primera acepción del *Diccionario de la lengua española* reduce el lenguaje a la comunicación entre humanos, en su quinta acepción se lee: «Conjunto de señales que dan a entender algo». En los gatos, esto implica tanto la producción de sonidos como el uso de feromonas, los componentes básicos de un lenguaje sin duda sutil.

4. **La metacognición:** es la capacidad de un animal de saber que sabe o que no sabe. Aunque se han realizado estudios con perros (principalmente el equipo de Miklósi) y con ratas, no hemos encontrado referencias a trabajos sobre los gatos, pero basta con verlos evaluar un salto antes de darlo para comprobar que tienen una conciencia clara de lo que pueden y no pueden hacer.

5. **La teoría de la mente:** este término concreto no esconde ninguna teoría, sino la capacidad de atribuir a otro indivi-

duo, de la propia especie o no, un estado mental inobservable, como una intención o un deseo, por ejemplo. Esta atribución de una intención se ve todos los días en la vida salvaje, en la relación presa-predador, que es mucho menos caricaturesca de lo que podemos imaginar *a priori*. En ocasiones, presas y depredadores beben a pocos metros de distancia porque es hora de beber y no de cazar, y, en ese momento, la no intención de cazar queda clara. Como suele ocurrir, la patología del comportamiento arroja luz sobre esta capacidad cuando se ve mermada o abolida, como en el caso de Melly, cuando un estado de desrealización distorsiona la percepción de las intenciones y atribuye proyectos hostiles a todo el entorno.

6. La autoconciencia: desde las fundamentales investigaciones de Gallup,[15] inspiradas en los trabajos de Piaget sobre los estadios del desarrollo, se ha invitado a muchas especies animales a realizar la famosa prueba del espejo, que nos hemos precipitado en considerar como marcador absoluto de la autoconciencia.

Hoy, el consenso científico la considera más bien una prueba de autorreconocimiento, y es fácil imaginar que, a pesar de que resulta valiosa para las especies en las que la visión tiene una gran importancia en el reconocimiento, su interés es escaso para las especies predominantemente olfativas, por ejemplo.

Vivir con un gato significa tener la experiencia, una y otra vez, de verlo ocuparse de su aspecto y aseo, y no poder dudar, ni por un instante, observando el conjunto de su conducta, de que tiene una idea de sí mismo como parte del mundo que lo rodea.

Háganse estas seis preguntas, y me sorprendería mucho que dedujeran que su gato no tiene las características de un ser con conciencia, sin confundirla con la conciencia humana, indudablemente más elaborada y simbólica, con una escala temporal mucho mayor, aunque eso no impide a los gatos tener una percepción de su vida, su integridad y los límites de su entorno.

El curioso corte en los circuitos cerebrales felinos

Olivier Jacqmot fue, en efecto, pionero en la tractografía (véase p. 175) de animales domésticos. Los primeros ensayos resultaron complicados, tanto en perros como en gatos, pero, poco a poco, la técnica se depuró y aparecieron los primeros resultados. Es pequeño el número de gatos a los que ha podido someterse a esta técnica: solo seis. Todos tenían la misma peculiaridad: cuerpo calloso, el sistema que permite la comunicación entre los dos hemisferios parece dividido en dos partes, una anterior y otra posterior. Estamos lejos de conocer el significado de esta característica anatómica, ni siquiera de si existe en todos los gatos.

Si esto resultara ser común a toda la especie, yo lo vería como una confirmación más de su naturaleza dual que requiere la puesta en marcha paralela de dos circuitos: uno que garantice la integridad de la presa, el otro, la eficacia del depredador. Sin duda, necesitaremos mucho tiempo para cartografiar, descifrar y comprender este cerebro tan especial. En este tiempo, retiene toda nuestra atención y nos obliga al respeto ¿Cómo imaginar que, con esa diversidad, con esa complejidad, no esté sometido a riesgos de disfunción que apenas empezamos a vislumbrar? ¿Quizá deba concebirse una psiquiatría muy diferente, que integre la posibilidad de sufrimiento en uno u otro circuito? ¿Pueden los estados de desrealización afectar solo a uno de los dos «cerebros»? Esta posible dualidad ya se conoce en los delfines, cuyos dos hemisferios se turnan para dormir, de modo que siempre hay uno despierto, que garantiza el movimiento mínimo para subir a respirar a la superficie cuando es necesario. Ya hemos mencionado el caso de Tilikum, la orca, un animal cuyos dos hemisferios también son bastante independientes. ¿Su trastorno estaba relacionado con un solo hemisferio o con la conexión entre ambos? Esto abre perspectivas de investigación vertiginosas, como demuestran los gatos del doctor Jacqmot.

Por ahora, nos contentamos con describir lo que vemos, que nos sugiere estados de marcada desrealización. Seguimos dedicando demasiado tiempo a luchar contra el escepticismo, a veces por una interpretación de Rousseau ingenua y reductora que no quiere considerar la posibilidad de una patología mental en los animales, sino que desplaza toda la responsabilidad al hombre.

Estamos aquí para decir que ha llegado el momento de avanzar por el camino del conocimiento: se lo debemos a los gatos, que se han convertido en nuestros principales compañeros. Para proporcionarles los cuidados que merecen, debemos aumentar nuestros conocimientos, establecer pruebas, puntos de referencia sólidos, olvidar lo que sabemos de los humanos y de otras especies, para poner nuestra medicina a su servicio. Lo intentamos día a día, pero necesitamos la ayuda de todos, de investigadores como Olivier Jacqmot, del apoyo de las escuelas de veterinaria francesas, del trabajo de los productores de medicamentos psicotrópicos para construir juntos el corpus teórico que nos permita llegar aún más lejos. Cuando digo esto, valoro el camino que falta por recorrer para promover esta disciplina, que tiene el bienestar como objetivo y el conocimiento como arma; por fortuna, cada vez somos más los que nos pasamos la antorcha.

Para acabar de convencerlos de la realidad de esos estados de desrealización, llamo al estrado a Hannibal, un gato doméstico con un destino trágico.

Hannibal, una serie que termina mal...

Este precioso gato doméstico, gris y blanco, de ojos verdes, podría no haber venido nunca a verme, y quizá eso siga siendo lo más asombroso.

Buscábamos, para la producción de un programa, gatos con historias interesantes, lo que demuestra, por si hacía falta, que la presentación espontánea es aún muy escasa. Hannibal llegó a la camilla por el boca a boca de uno de los hospitales veterinarios donde trabajo. No me sorprende en absoluto que el motivo de su presencia fuera trivial: una amiga de su dueña le había pisado la cola, y, en respuesta, le mordió la pantorrilla. Tengo ya el guion preparado sobre lo que diré en el reportaje, para aumentar, en el gran público, el conocimiento sobre el gato normal que, a estas alturas, ya no tiene secretos para ustedes: las agresiones irritadas vinculadas a la frustración, el hambre, el dolor, la falta de jerarquía, la importancia de la conciencia, el respeto del cuerpo, el aspecto superfluo y, por tanto, frágil de la relación, aunque el apego sea vital para el desarrollo del gatito. Mi misión ese día consistía en hablar, pero la consulta era real, así que escuché a Véronique presentándome a su gato y yo seguí el proceso habitual de una consulta.

Al mismo tiempo, dejé el transportín en la camilla y lo abrí: Hannibal me mira y se deja acariciar con una indiferencia bastante amistosa. Tras unos instantes, durante los que se rasca, veo que mueve la punta de la cola e interrumpo el contacto; se lame un poco donde lo había tocado, pero se queda en el mismo sitio (tiene tiempo de sobra para salir del transportín y explorar la habitación). Repito la maniobra, vuelve la irritación, pero insisto —sin violencia— para averiguar su nivel de tolerancia y la intensidad de su respuesta. El gato actúa menos de un minuto después, y me muerde la mano con tanto control como el que yo intentaba ejercer…, apenas sentí el contacto de sus dientes, y, cuando detuve la maniobra, abrió de inmediato la boca y soltó la mano, sin marcas del mordisco. Parece un gato muy bien adaptado y merece la pena ir un poco más lejos.

—¿Dice que su amiga le pisó la cola?

—Sí… Bueno, ella dice que no.

Agucé el oído, con interés…

—¿Y qué dice?

—Que estaba en el balcón junto al gato, que notó cómo la miraba fijamente y que se lanzó a su pantorrilla, pero me cuesta creerlo. Aun así, le hizo mucho daño, le clavó los colmillos y le arrancó al menos un trozo de piel.

—¡Vaya! ¿Se han producido episodios similares?

—Sí, otra vez y también con ella.

—Cuénteme más...

—Quince días después del primer mordisco, mi amiga volvió a casa. Estábamos charlando en el sofá... Hannibal, que pasaba por la habitación, se detuvo, la miró fijamente, se le acercó..., le saltó encima y la mordió en el estómago, le rasgó la camiseta y le arrancó un trozo de piel, y luego se lanzó al brazo, la atacó con fuerza, se llevó tela, piel e incluso un trozo de músculo...

—Bueno, pero esto no es en absoluto el problema del que hablamos... Estos ataques son muy extraños..., ¿ha habido más?

—Aunque parezca mentira, mi amiga no ha vuelto por casa —dice Véronique con una sonrisa.

—Puedo imaginarme por qué. ¿Otros ataques a otras personas?

—Sí, tres semanas después de esta crisis, vino otra amiga a casa... Yo no me fiaba. Hasta entonces, Hannibal solo había desarrollado esas secuencias con mujeres, de repente vi que le cambiaba la mirada... Justo me dio tiempo de agarrar a mi amiga del brazo, arrastrarla hasta el balcón, y Hannibal arremetió contra nosotras. Golpeaba el cristal y parecía fuera de sí. Cogí el móvil y llamé a mi pareja, que llegó con traje de motorista, botas y guantes, y juntos logramos encerrar a Hannibal en una habitación.

—Debió de pasar mucho miedo...

—En ese momento, pensaba sobre todo en la otra persona, pero después me planteé que, si me hubiera interpuesto, no me habría librado.

Hemos hablado mucho de la empatía con el gato, y eso es importante, pero no debemos olvidar las emociones de los dueños. Para Véronique, indudablemente la escena fue impactante, por no hablar de sus dos amigas. Desde ese día, encierra al gato cada vez que alguna conocida va a visitarla.

Lejos del guion previsto, me atrapa este caso, cuyo alcance solo puedo atisbar.

Sugiero que Hannibal padece un trastorno psiquiátrico y percibo resistencia por parte de la mujer, una clienta que llegó por casualidad.

Había venido aquí casi por hacernos un favor, y vamos nosotros y le hablamos de locura…, hay que reconocer que es como para molestarse.

Dejo que se haga a la idea y soy muy prudente, porque yo tampoco estoy nada seguro, aunque el conjunto de presunciones es sólido.

Tras repasar todas las funciones principales de Hannibal, trazo el cuadro clínico de un gato normal, excepto por los episodios agresivos. En este caso, no hay ansiedad, ni déficit de autocontrol, sino un estado de desrealización enorme cuando sobreviene la crisis.

Propongo a la dueña un tratamiento que combina una molécula y una terapia conductual. La selegilina —nombre de la molécula E828 C que utilizamos con Nougatine— es nuestra primera línea de ataque en estos casos, aun sabiendo que (y esta es mi hipótesis más firme), si se trata de un síndrome disociativo, el equivalente para nuestros carnívoros de la esquizofrenia humana, será poco o nada eficaz.

En la terapia conductual adaptada intervendrán:

- Una lectura precisa de las señales de amenaza, que pueden ser demasiado sutiles como para mantenerse a salvo.
- Redirigir los ataques a objetos aceptables, cuando aún sea posible.
- En ocasiones, provocar disrupción con, por ejemplo, un pulverizador para plantas.

No funciona ningún elemento cuando se desencadena la crisis y el gato entra en una furia «demencial»: nada puede detenerlo. Entonces, la primera medida es garantizar la seguridad de las visitas, y más aún de las visitantes femeninas, impidiéndoles el contacto con Hannibal el caníbal.

Hablamos mucho con Véronique en los meses siguientes a la consulta.

En primer lugar, estaba el diagnóstico: ni la dueña de la gata ni su pareja ni nadie podía creer que Hannibal pudiera estar «loco», y muchos de sus amigos sugirieron que tal vez fuera el veterinario el enfermo mental.

En estos casos no me opongo, me limito a esperar… Si me equivoco, y esto me ocurre con cierta frecuencia, pues mejor para el animal y, al menos, he previsto lo peor. En el caso de Hannibal, la recurrencia de los ataques acabó por convencer a Véronique de que su gato presentaba los síntomas descritos en su diagnóstico.

En segundo lugar, el tratamiento: al principio, existía el temor de que la molécula que le administraba para una enfermedad tan terrible fuera peligrosa en sí misma y acabara «comiéndose el cerebro» del desafortunado animal. Me resulta bastante fácil dar garantías con este producto, aparte de su efecto regulador del estado de ánimo, es muy seguro de usar e incluso protege las neuronas.

Aunque el producto es seguro, solo existe en una forma diseñada para perros, y administrar a los gatos comprimidos grandes es un verdadero reto. La siguiente complicación fue que Hannibal reaccionó como cualquier otro gato. El primer día, administrarle la pastilla no resultó fácil, el segundo fue complicado y el tercero se volvió imposible, de nuevo, debido al fenómeno de la sensibilización.

Véronique se quejó: Hannibal huía de ella y estaba muy inquieto; lo veía muy nervioso. La amenazaba, pero sin arañarla ni morderla. Parecía tener miedo de su dueña y se iba a otra habitación.

Lulu era una gatita tricolor que vivía con la pareja. Cuando Hannibal empezó su tratamiento y cambió, Lulu se volvió inquieta, entró en un estado de ansiedad hasta el punto de lamerse con tanta fuerza que empezó a arrancarse el pelo. Vasos comunicantes, sin duda...

Poco a poco, Véronique se dio cuenta de la gravedad del caso de Hannibal: me explicaba la situación con detalle y los ataques eran impresionantes, pero las fases de terror inexplicable eran igual de estremecedora. De repente, este desafortunado gato se veía sometido a una visión o un olor aterradores de los que no podía escapar, aunque acudiera a refugiarse al fondo del armario o debajo de la cama.

A veces, una calma engañosa nos hacía olvidar la amenaza: podían pasar semanas sin accidentes ni ataques de terror. Y entonces, se producía otro episodio preocupante. Como el día en que una amiga fue a su casa y acarició a Hannibal, el gato la miró fijamente y a Véronique le faltó tiempo para encerrarlo. Un día, estuvo a punto de atacar a la madre de Véronique, ambas se asustaron mucho. De los miedos irracionales a los ataques imprevisibles, la vida con Hannibal era una sucesión de emociones fuertes y decepciones.

Pero Véronique y su marido aún se aferraban a una esperanza: vivían en un piso e imaginaban, como mucha gente, que la enfermedad del gato podía ser, al menos en parte, por estar encerrado. Tenían previsto mudarse y contaban las horas para hacerlo. Las primeras semanas en las que el gato tuvo acceso al mundo exterior parecieron darles la razón: todo iba mejor y recibí un correo electrónico entusiasta. Hannibal aceptaba todo y a todos, incluso se dejaba acariciar por casi desconocidos, y Lulu también parecía haberse tranquilizado. Y entonces, tras cuatro semanas de placer compartido, un día, mientras Véronique se preparaba para un viaje, vio a Hannibal llegar a casa, con los ojos dilatados y el gesto enfurecido, y atacar a la pobre Lulu, tan aterrorizada que se orinó encima. La micción emocional es la máxima expresión física de una emoción intensa. Lulu gritaba y, cuando Véronique intentó intervenir, Hannibal la atacó. Apenas tuvo tiempo de refugiarse en un balcón, mientras el gato amenazaba detrás del cristal.

Ese día, Véronique y su marido se asustaron tanto que tomaron la «terrible decisión —como ella describió— de dormir a Hannibal».

En un caso como este, nos aterra que nos comuniquen esa decisión, aunque la esperamos casi todos los días: ¿cómo vivir con una granada a punto de explotar en casa? No lo juzgo, pero me entristece profundamente y creo que traiciono, a mi pesar, el juramento de Bourgelat.

Hannibal es una serie que termina mal porque hoy todavía no sabemos lo suficiente, nuestros recursos son limitados y nuestras medicinas no bastan para aliviar el terrible sufrimiento de estos gatos atrapados en su propio cerebro.

Presento este caso con el deseo de abrir un camino para que mañana seamos más lo que queramos y sepamos curar y aliviar el sufrimiento de los gatos locos.

Para conseguirlo, es necesario que evolucione el conocimiento de las enfermedades mentales de los animales no humanos —y de los gatos en particular— y que todos los actores profesionales asuman su parte en la transmisión estos conocimientos a los estudiantes y al público en general.

Capítulo 5

El gato, icono y centinela

«El tiempo con un gato nunca se pierde».
COLETTE

Para concluir este repaso a la patología conductual y a nuestra relación con los gatos, me parece importante mostrar hasta qué punto nuestros compañeros felinos, la mayoría de las veces sin saberlo, plantean cuestiones fundamentales sobre nuestra relación con otros animales, e incluso a veces, también con las personas, y nos incitan a reflexionar sobre ellas en profundidad. Atrapados en muchas de las polémicas de nuestro tiempo, nuestros amigos los gatos siempre nos dan una respuesta fuera de lo común.

Para completar nuestro viaje iniciático, intentaremos responder junto con el lector a cuatro preguntas que exceden los límites de nuestro tema, pero que aun así conservan el punto inicial, a saber, el gato como testigo o icono de nuestro tiempo.

- ¿Puede seguir separándose el equilibrio conductual del equilibrio físico en esta época?
- ¿Cuál es nuestra relación con la autonomía de los seres vivos de los que somos responsables, a los que cuidamos y a los que queremos?

189

- ¿Cómo concebimos el envejecimiento, el final de la vida y los límites de los cuidados que consideramos aceptables para nosotros y nuestras mascotas?
- ¿Qué nos dicen los gatos sobre la evolución de nuestra sociedad y su relación con la autoridad, la jerarquía y la educación?

Una única salud, un único bienestar

La primera pregunta, «¿En esta época puede seguir separándose el equilibrio conductual del equilibrio físico?», ya no debería plantearse, pero sé muy bien que aún hay mucho camino por recorrer antes de que todos los implicados —personas que viven en contacto con sus gatos, veterinarios y criadores— estén convencidos de que no puede haber separación entre ambos. También debemos evitar caer en el exceso contrario y pensar solo a través del prisma de la relación entre cuerpo y mente.

No debemos olvidar la zona gris que existe entre los trastornos del comportamiento y los trastornos orgánicos, entre la influencia del entorno y la expresión de un estado de malestar. Nuestros gatos ejemplifican a la perfección estas cuestiones, y las respuestas de nuestros compañeros felinos no dejan de ser sorprendentes.

Llevamos mucho tiempo defendiendo la necesidad que hoy se impone de «¡una salud única!» que alcanza hasta «un único bienestar», según el lema de nuestros colegas anglosajones «One health, one welfare».

Además del efecto de moda, este concepto incluye la idea de una interdependencia entre salud física, equilibrio conductual, colaboración entre especies e integración en un entorno armonioso y protegido.

Un virus casi común

La pandemia recordó al mundo que las personas pueden ser huéspedes de virus que circulan en otras especies. Lo que más me asombró es que esto nos sorprendiera. De nuevo, cómo no referirnos a Baptiste Morizot,[1] quien nos insta a no hablar de la naturaleza como una entidad externa a nosotros, y a no usar nunca «animales» en lugar de «otros animales» en una afirmación repetida y voluntaria de nuestra comunidad de seres vivos. No cabe duda de que, si todo el mundo lo aplicara, desde periodistas a políticos, a nadie le resultaría extraño que un virus pase de un animal a otro. El setenta por ciento de las enfermedades infecciosas son zoonosis (los virus o bacterias atraviesan la barrera entre especies directamente o a través de vectores, a menudo otros animales como los insectos), e imagino que el treinta por ciento restante circula entre humanos, lo que constituye otra forma de zoonosis. La sociedad occidental, donde las principales causas de muerte son enfermedades no transmisibles (diabetes, cáncer, obesidad, etcétera), había perdido esa noción, y ha sido necesaria la aparición de un coronavirus (que aún no sabemos si procede de un pangolín, de un murciélago o de un laboratorio descuidado) para recordarnos que, como animales, formamos parte de un mismo entorno de transmisión viral. La pandemia también nos ha recordado que nuestras mascotas corren peligro de que les infectemos, y algunos felinos han contraído el COVID-19. Nuestros gatos domésticos, por supuesto, pero también algunos de los grandes felinos de los zoológicos,[2] como los tigres y leones del Zoo del Bronx. Un artículo de *Le Monde* citaba el caso de un gato en Bélgica y de varios perros en Singapur. Desde entonces, se han llevado a cabo investigaciones científicas[3] que demuestran tanto la vulnerabilidad de los gatos al virus como su casi total incapacidad para propagarlo. La pandemia fue una gran oportunidad para ellos: apenas se abandonaron gatos, y se adoptaron muchos, aunque la libertad recobrada de los humanos ha vuelto a llenar los refugios.

Pif el gato

Si necesitábamos otro argumento para demostrar hasta qué punto las autoridades, tanto políticas como científicas, no están lo bastante convencidas del destino común de los seres, basta con ver el tiempo que se ha tardado en Francia en incluir los laboratorios departamentales veterinarios, pese a ser expertos en la detección de los coronavirus. También ha hecho falta un año para incorporar un veterinario en el consejo científico[4] de asesoramiento para las decisiones, aunque dispongamos de verdaderos expertos en la lucha contra las epidemias y, en particular, en el tema de los coronavirus. Estos virus provocan muchas enfermedades, y los veterinarios están acostumbrados a detectarlos y saben lo difícil que es tratarlas.[5]

Bronquitis infecciosa en aves de corral, diarrea epidémica, gastroenteritis transmisible o coronavirus respiratorio en cerdos, trastornos digestivos en caballos jóvenes y ganado vacuno, por no hablar de la temida PIF (peritonitis infecciosa felina), que afecta a los gatos, mata a algunos y altera la calidad de vida de muchos otros.

Sin duda, los veterinarios tenían mucho que aportar, pero la mentalidad antropocéntrica que sigue impregnando el pensamiento de la mayoría de los que deciden suponía un obstáculo para darse cuenta.

Finalmente, en nombre de la visión «One Health» se invitó a los veterinarios a la mesa de asesores. Demos la bienvenida a esta nueva concienciación y esperemos que sirva de lección para no volver a cometer el mismo error en caso de otra epidemia.

Simple minds

A veces las cosas son mucho más simples, y los gatos pueden mostrar un comportamiento indeseable, no patológico, que no sugiere locura sino, por el contrario, intentos de restablecer la armonía en su mundo.

Con Choupette vimos que un simple cambio de arenero puede trastornar la naturaleza de un gato: este ejemplo demuestra hasta qué punto los gatos ejemplifican como nadie el lema de «Una única salud, un único bienestar». Mudarse de casa o tener un bebé son cambios lo bastante importantes como para que todo el mundo esté atento a las posibles repercusiones en el equilibrio de su gato, pero, mover un mueble o dejar caer el equipaje en un pasillo parecen insignificante. Y sin embargo, pueden bastar para romper el equilibrio.

He aquí un recordatorio de algunos de los comportamientos indeseables con los que nos topamos durante nuestra visita guiada y que, a la luz de la nueva visión de nuestros gatos que hemos adquirido juntos, ya no deberían verse con los mismos ojos.

Pueden inscribirse en el diagnóstico de las enfermedades descritas (biotopatías, esquecipatías, etcétera), igual que pueden aparecer de forma aislada y, a menudo, no significan más que el deseo del gato de restablecer un equilibrio en su mundo, o expresan un malentendido cultural entre ellos y nosotros.

Freddy el arañazos

Si un gato araña un lugar que le gusta, nos observa de reojo y huye en cuanto nos acercamos a reñirlo, no debemos pensar que es malintencionado. Vive con nosotros y nos conoce incluso mejor que nosotros a él. Solo hace lo que debe hacer para organizar su entorno, y este comportamiento le resulta esencial, pero ha aprendido que nuestra reacción puede ser negativa y la anticipa. Si además no se lo castiga de una forma que le cause dolor o miedo, la cosa puede seguir igual durante mucho tiempo y darnos la impresión de que el gato se burla de nosotros... Sencillamente, solo intenta acomodar sus necesidades con las exigencias de ustedes; no les provoca, busca el estrecho camino que hace posible la convivencia. Si se ponen en su pellejo, si comprenden lo que intenta hacer y se lo permiten, en un lugar muy cercano (no tiene sentido poner un rascador en un rincón del cuarto de baño, no lo usará), y, al mismo tiempo, convierten el lugar que desean proteger en un espacio no apto para arañar, le permiten recuperar la armonía a la que aspiraba mucho más que al desafío que ustedes piensan.

El posible error proviene de un malentendido: ustedes piensan que el gato quiere «arreglarse las uñas», pero, aunque, por supuesto, a estos animales no les importa quitarse la parte muerta de las uñas, esta no es la razón principal de este comportamiento. De lo contrario, no habría ningún problema en alejarlo del sofá o del sillón, y el michino no tendría ningún problema en arañar más lejos. Lo que ocurre es que, en este caso, ¡el lugar es tan importante como la acción! Si no lo sabían, lo aprendieron el capítulo dedicado al espacio vital (véase p. 67): convertir en un santuario el área de aislamiento es fundamental en la vida de muchos gatitos, pero no de todos…

Muchos gatos aún están a tiempo: no los castiguen, comprendámoslos, reorganicen su espacio y volverá la paz.

Cómo evitar que nuestro gato arañe

Un trozo de celo transparente de doble cara en donde araña o una manta isotérmica pueden hacer incómoda para el gato la zona objetivo y, en ese momento, colocar un rascador agradable cerca (con, por ejemplo, una cuerda de arpillera enrollada a lo largo) puede resultar eficaz.

Coquine la mordedora

No todos los mordiscos son agresivos. En los gatos, a veces, son sinónimo de placer, incluso de pasión. El lector quizá recuerde a

Isis, que nos acompañó durante parte del capítulo 3. Los primeros mordiscos no eran secuencias agresivas, sino que intervenían en sesiones de mimos muy intensas. De manera que el mordisco, que solo era una señal de excitación, se malinterpretó y originó castigos que agravaron la situación. Es muy raro que la única señal de agresión de un gato sea un mordisco. La mayoría de las veces, los mordiscos van acompañados o precedidos de amenazas, patadas en el aire, orejas hacia atrás o, incluso, zarpazos cuando lo anterior no basta para mantener a raya la amenaza. A los gatos, o al menos a los gatos «normales», les interesa más evitar el conflicto que provocarlo. Dicho esto, ahora mismo me acuerdo de Tacos, un gato que vi en una consulta; era adorable con los humanos con los que vivía pero «odiaba» tanto a su vecino que, en cuanto lo veía, se agachaba bajo la valla y avanzaba amenazante hacia él, quien, al fin y al cabo, estaba en su casa. Si la amenaza no era lo bastante clara, y como el humano que defendía su territorio respondía varias veces, Tacos no dudaba atacarlo y morderle con fuerza en la pantorrilla si conseguía atraparlo. Todo el vecindario se indignó e incluso envió una petición al Ayuntamiento, que se tomó en serio el asunto. De hecho, en este caso no pudimos tratarlo, ya que sus dueños prefirieron enviarlo al campo con su hermana, que tenía varias hectáreas de terreno. Nada dice que algún vecino no haya sufrido la ira de este gato, intolerante con toda oposición.

La mayoría de las veces, cuando los mordiscos son un comportamiento aislado, debemos mirar más allá de la agresión para comprender qué está pasando. Juego incontrolado, placer inconmensurable, respuesta a la excitación, la secuencia de mordiscos, dolorosa y sorprendente para la persona que los sufre, no siempre merece la interpretación que recibe.

Danae la sucia

También debemos recordar que, como el equilibrio en su espacio vital resulta crucial, los gatos pueden, por incidentes menores, perder lo que se piensa que es una característica inmutable de su especie: la limpieza, el hecho de hacer sus necesidades en los areneros o fuera de casa. Como se señaló en el caso de Choupette y otros, la primera clave es identificar si se está produciendo un comportamiento de excreción o de marcaje (véase p. 57).

Danae es una gata de aspecto bastante relajado, pero, a pesar de eso, lleva un mes marcando con su orina casi a diario. Antes lo había hecho muy poco: cuando se instaló un velador en la entrada y, quizá, también en dos comidas con amigos. Entonces, Danae empezó a marcar y la regañaron, aunque no con excesiva severidad. Ahora, justo cuando parecía estar en un estado de equilibrio muy estable, vuelve a marcar y a mostrar signos de depresión, sin que aún sea posible hacer un diagnóstico definitivo. Estamos en el nivel 2 de prevención (ya hay signos, pero no los suficientes para un diagnóstico). Hay que explicar las cosas rápidamente, desentrañar el comportamiento del gato y abrir las puertas de su cerebro para que nadie vea malicia y todo el mundo perciba su sufrimiento. Así se hizo con Danae, que logró recuperar el equilibrio en pocas semanas, pero por cada gato que acude a la clínica, y por cada gato, cuyos humanos responsables deciden buscar ayuda, ¿cuántos se sumirán en una depresión crónica?

Más allá de estos comportamientos sencillos y reversibles en los primeros días o semanas, que son las quejas clásicas de dueños comprensiblemente agotados, los gatos también demuestran como nadie los estrechos vínculos entre el equilibrio psicológico y la salud física. Nos recuerdan, como hace Damasio,[6] que no debemos cometer el error de Descartes. Las emociones influyen en nuestro organismo, y los acontecimientos del cuerpo tienen un gran impacto en la psique.

Este es un aspecto muy común en nuestra práctica veterinaria que debería arrojar luz sobre muchas enfermedades, para ayudarnos a comprenderlas mejor, pero eso querría decir también que quienes deciden en la enseñanza aceptan una visión algo diferente.

Moon, el gato que se arrancaba
los pelos en las consultas

Un caso me marcó y contribuyó a la evolución de nuestra práctica. Se remonta a hace más de veinte años. Aquel día, durante una consulta, conocí a Moon, un gato dulce y apacible que se tocaba el cuerpo de modo anormal y se arrancaba los pelos. En el caso de Melly hemos visto que esto puede ser un signo de enfermedad psiquiátrica grave, pero no es lo más común. En la gran mayoría de las ocasiones, esta actitud señala ansiedad permanente e inhibida. En las consultas de los veterinarios son frecuentes los gatos con sobrepeso y sin pelo en el vientre. Por regla general, se dan muchos consejos respecto a la importancia de que el animal pierda peso, pero todavía no está bien establecida la relación entre estas dos manifestaciones tan clásicas de la ansiedad: el lamido compulsivo y la bulimia.

A veces, al dueño le sorprende descubrir una gran zona abdominal sin pelo. Los gatos se lamen en silencio y, a menudo, en momentos en que no están bajo la supervisión de sus humanos. Por eso, no hay razones importantes para que muchas personas que conviven con gatos se den cuenta de la pérdida de pelo. Esta «alopecia felina extensa», como a veces se la denomina, tiene varios orígenes (¡nunca hay que descartar las pulgas!), pero su localización ventral y simétrica, que a veces se extiende a la superficie interna de ambos muslos, suele sugerir un lamido compulsivo de origen ansioso. El comportamiento de Moon es muy diferente: no se lame en la intimidad de su área de aislamiento, ni por la noche, cuando las personas descansan, sino a todas horas, agarrando mechones de pelo de los lados, tirando de ellos con todas sus fuerzas y arrancándolos. Incluso lo hace en la consulta, lo cual es raro. Los gatos se muestran inhibidos, agresivos o tranquilos en la consulta, pero, según mi experiencia, ninguno de ellos está lo bastante cómodo como para considerar mi consulta una área segura donde expresar un comportamiento vulnerable. Observo a Moon arrancarse el pelo, e incluso me sorprende que le quede tanto. Después investigo: busco todas las causas que, como hemos visto, pueden alterar el equilibrio emocional de un gato. Su espacio vital está bien constituido, la frecuencia de la alimentación es buena, el área de evacuación está identificado y es estable. Tras comprobar que nada externo lo desequilibra, debemos recordar que la ansiedad puede tener tanto causas ambientales como raíces internas. No se encontraron parásitos en Moon, ni internos ni externos. De pronto, pregunté por su estado vírico a la colega que me lo había remitido. El gato está vacunado contra la leucemia, el otro virus de la leucosa felina, pero ¿y qué pasa con el VIF?* El VIF es un virus de la misma familia que el VIH, aunque —y esto hay que reiterarlo con insistencia— no hay confusión posible ni contaminación cruzada. Debilita el sistema inmunitario y expone a los gatos a las infecciones, aunque las descripciones clínicas rara vez mencionan cambios de comportamiento. El cuadro clínico de esta enfermedad no nos dice mucho —no se ha descrito el lamido compulsivo como un síntoma de ella—, pero, puesto que el equilibrio general está afectado, vale la pena comprobar si padece esta afección. Con una muestra de sangre y un análisis rápido, enseguida tenemos el resultado: Moon está infectado por el VIF. Hay que tener cuidado de no establecer una relación demasiado rápida entre la infección y este signo clínico, pero, en cualquier caso, su comportamiento anormal permitió detectarlo, atenderlo y limitar la contaminación. Moon, como tantos otros gatos, es una prueba más de que el equilibrio conductual no puede juzgarse sin una evaluación exhaustiva del estado físico del gato, y que es necesario conocer todas las interacciones orgánicas y psicológicas para realizar un buen diagnóstico conductual. Los veterinarios, pues, deben aumentar sus conocimientos y añadir los cambios conductuales al diagnóstico del VIF.

* Virus de la inmunodeficiencia felina.

Así fue como aceptamos la idea de uno de nuestros estudiantes, para su tesis de veterinario conductual, de estudiar las repercusiones de la infección por VIF en el comportamiento de los gatos afectados.

Trastornos del comportamiento e infecciones

Pocos trabajos habían explorado el vínculo entre los trastornos del comportamiento y las infecciones. A veces se observaban trastornos del estado de ánimo y agresividad, pero sin sintomatología conductual real.

Solo un artículo ha explorado la relación entre infección y comportamiento, pero en condiciones experimentales, con una inyección intravenosa de una dosis alta de virus en gatitos de ocho semanas.[7] En la vida real, la infección suele producirse entre adultos, a través de mordiscos o contacto sexual. El estudio mostró un déficit de aprendizaje en los seis gatos y una memoria de peor calidad (cometieron más errores en pruebas sencillas de reconocimiento espacial para encontrar comida y volvieron a un lugar ya explorado sin éxito). En la naturaleza, este tipo de «olvido» puede costar muy caro si la zona que se vuelve a visitar es el hogar de un depredador.

Para su tesis, nuestro estudiante investigó a treinta gatos con VIF y los comparó con treinta gatos que dieron negativo, pero mostraban síntomas que podían sugerir esta enfermedad.[8]

¡No es mala muestra!

Los resultados son claros: los gatos con VIF tienen más problemas de comportamiento que los gatos sin la enfermedad. Se encontraron grandes vulnerabilidades: mayor suciedad, pero también más alteraciones cognitivas, lo que confirma los datos experimentales. Una característica sorprendente fue la considerable reducción de episodios oníricos en los gatos infectados. Ya hemos visto la importancia y la necesidad de soñar, y más aún en nuestro felino doméstico, cuya naturaleza dual requiere una mayor ordenación de los acontecimientos cotidianos, que es posible gracias a la actividad onírica. Sin duda, esto explica en parte la inestabilidad del humor en los gatos seropositivos y la presencia de episodios agresivos imprevisibles, que sus dueños apenas pueden explicarse.

Moon me había mostrado el camino, y los artículos y la tesis confirmaron algo que todos deberíamos tener en cuenta: es un error, y actualmente diría de buen grado que es una falta, no considerar al individuo en su conjunto.

A menudo tenemos la impresión de que no se nos escucha. Afortunadamente para los gatos, de vez en cuando, un profesor de medicina veterinaria de fama internacional e indudable credibilidad, que no es un extravagante psiquiatra veterinario, da un paso en la dirección de la unidad cuerpo-psique y nos permite avanzar a todos. Esto es lo que ocurrió con la cistitis idiopática de los gatos.

Kita, sufrimiento intermitente

Los gatos son propensos a sufrir episodios dolorosos de cistitis. Esta inflamación de la vejiga desencadena micciones urgentes, a veces con muy poca orina que expulsar. Cada micción es dolorosa, y a veces incluso hay presencia de sangre. Recuerdo a Kita de mis años como veterinario generalista: antes de ser psiquiatra, durante quince años ejercí como veterinario «normal» que veía perros y gatos en una clínica de Toulon. Ya me interesaba el comportamiento de los gatos y fui muy sensible al sufrimiento de Kita, una pequeña gata siamesa, y a la forma en que lo expresaba. Dos o tres veces al año, Kita sufría ataques de cistitis y alertaba a su dueña de inmediato. En esos momentos, la gata, que normalmente era muy limpia, se sentaba en el lavabo o fregadero frente a ella y dejaba escapar unas gotas de orina teñida de sangre, como para avisar a su dueña. He oído describir este comportamiento demasiadas veces a demasiados dueños de gatos como para pensar que es accidental. Los gatos envían un mensaje, eso está claro; probablemente pidan ayuda.

Cuando hacemos análisis a menudo resultan decepcionantes, pues revelan una orina estéril, libre de bacterias (que sería señal de una infección) y también sin cristales ni cálculos. Por eso la cistitis se llama idiopática, para subrayar que la causa es desconocida. Cualquier tratamiento funciona, igual que la ausencia de tratamiento o la paciencia. El reto no es superar la crisis, que dura unos días y, en principio, se resuelve espontáneamente, sino espaciar los episodios a lo largo del año.

Aquí es donde entró en escena un veterinario y profesor universitario estadounidense, Tony Buffington, de la Universidad de Ohio, quien revolucionó el pequeño mundo de la medicina veterinaria interna al afirmar que la cistitis también es resultado de la ansiedad y que deben tenerse en cuenta los acontecimientos estresantes en la vida del gato, en especial durante su desarrollo.[9]

Creo que esto ha cambiado el enfoque de muchos colegas que hasta entonces nunca se habían interesado por el aspecto psicológico de sus pacientes.

Además, Tony Buffington y su equipo teorizaron que, como entre las causas de la cistitis idiopática se encontraba el estrés, su tratamiento no podía ser solo médico, sino también, y como mínimo, ecológico y que atendiera al hábitat del gato. Buffington formalizó un método de modificación multimodal del entorno y demostró que era más eficaz que un tratamiento convencional, basado en antibióticos y protectores vesicales.[10]

Podríamos decir, en suma, que esto allanará el camino a la medicina holística o a la evidente necesidad de una atención integral. Buffington, en un reciente artículo que resume más de veinte años de investigación, adopta una visión global y cita la investigación genética en psiquiatría, pero —y esto sigue siendo un doloroso misterio para mí— nunca establece la conexión con una posible psiquiatría felina.[11] Opta por hablar de un equilibrio entre el sistema central de respuesta al estrés y el sistema de control, e incluso inventa una nueva enfermedad, el «síndrome de Pandora»,[12] para agrupar todas las causas que pueden provocar síntomas de cistitis idiopática.

Estoy muy agradecido por el trabajo de Buffington, que ha permitido situar en el centro de la medicina veterinaria la singularidad de cada individuo, así como los vínculos entre medio ambiente y salud, y entre estrés y enfermedad orgánica. No obstante, tal agradecimiento solo puede ir acompañado de un inmenso pesar por no haber alcanzado una visión completa de nuestro felino doméstico, incluyendo la posibilidad del sufrimiento, de la enfermedad mental, es decir, de la psiquiatría. Y eso, a pesar de que ese artículo, que sintetiza años de investigación de quien ahora es catedrático de Medicina Clínica en la Universidad de Medicina Veterinaria de California (UC Davis), cuenta con la coautoría de una profesora de medicina conductual. Pero, al otro lado del Atlántico el término psiquiatría sigue dando miedo, aunque eso está cambiando con la nueva generación. Hace unos años, una colega estadounidense tituló su presentación en el congreso mundial* «Popurrí de casos de psiquiatría veterinaria».[13] Un colega de cultura cosmopolita, un eslovaco que estudió en su país, Israel y Canadá, miembro del Colegio Americano de Veterinarios del Comportamiento y del Colegio Europeo de Bienestar Animal y Medicina del Comportamiento, publicó en 2020 un libro titulado *Psiquiatría veterinaria de los animales de compañía*, en el que hace referencia a esa palabra, psiquiatría, que ancla nuestra disciplina en un enfoque médico.[14]

No me cabe duda de que, cuando los enemigos de lo evidente se hayan retirado, la psiquiatría veterinaria ocupará el lugar que le corresponde en la escena mundial y que nuestros colegas estadounidenses no dejarán de hablarnos de su importancia. Lo fundamental es que, por fin, los demás animales, en primer lugar aquellos con los que compartimos nuestro hábitat, sean considerados en su totalidad, con una salud física

* Congreso Mundial de la WSAVA (Asociación Mundial de Veterinarios de Animales Pequeños).

que los veterinarios cuidamos desde hace mucho tiempo y un equilibrio mental, cuya importancia aún solo promovemos un puñado de nosotros. Un equilibrio que está en los albores de recibir una atención adecuada.

En cualquier caso, estos pocos ejemplos de comportamientos indeseables, que no siempre indican patología, y estos dos ejemplos de medicina global, uno que combina virología y medicina del comportamiento, el otro urología y psiquiatría, nos muestran hasta qué punto la importancia de la especie felina en nuestras clínicas veterinarias nos ha obligado a tener más en cuenta la idea de medicina global.

Un dolor, un sentimiento de debilidad, un miedo desmesurado y todo el sutil equilibrio puede deshacerse y la vida resultar complicada. Los gatos nos recuerdan lo frágil que es una vida feliz y la mucha atención que merece.

Nuestros gatos también son iconos de un cierto bienestar y, como tales, a menudo se ven envueltos en polémicas. Al fijarnos en algunos casos, veremos que, a veces, se los toma como rehenes en estas polémicas sin que sus opiniones se escuchen con atención.

En el lado equivocado de la puerta[15]

¿Tenemos derecho a imponerles, por ejemplo, una vida sin acceso al mundo exterior? ¿Es ético esterilizarlos por sistema, cuando todas las investigaciones sobre el bienestar demuestran la importancia de la sexualidad en el desarrollo del individuo?

A Hector no le gusta salir

Se llama Hector y se ha convertido en un elemento importante de la vida de esta pareja, que viene a verme para una consulta con cierta desesperación.

Hector está bien, o al menos no se encuentra mal, pero escuchemos a Rebecca:

—Vivíamos en un piso con Hector, pero eso no se ajustaba a nuestros valores. Queremos lo mejor para nuestro gato y nos parecía muy importante que pudiera salir al exterior. Además, para nosotros también era un proyecto de vida: queríamos un jardín y estar más en contacto con la naturaleza. Un día Hector salió, no muy lejos y la primera vez con nosotros. Luego lo repitió solo, volvió como si hubiera visto al mismísimo diablo y ya no quiso volver a salir.

—¿Alguna vez dejan la puerta abierta?

—Por supuesto, en cuanto llega el buen tiempo. El gato se sienta en la escalinata y da unos pasos fuera, pero entra enseguida. No le gusta nada el jardín.

—Muy bien, evaluaremos juntos el equilibrio conductual de Hector y veremos qué pasa.

En esta situación, en mi mente de psiquiatra veterinario, hay prioridades: ¿está bien el animal? ¿Están cubiertas sus necesidades? ¿Es óptimo su bienestar? ¿Hay alguna forma de reducir la decepción de los compañeros humanos del gato, generando la conducta ausente, en este caso salir al jardín?

Como veterinario, siempre me centro en el animal. Es obvio, pero me parece sensato recordar que nuestro papel es cuidar de los animales no humanos y, sobre todo, reducir su sufrimiento, y luego trabajar por una convivencia armoniosa.

Durante nuestra consulta, gracias a la exploración de todos los comportamientos, la primera bifurcación es siempre trazar la línea divisoria entre un comportamiento normal, pero indeseable, y un estado patológico. Por eso no nos limitamos —a veces, para sorpresa de los dueños del animal— a la queja o al motivo principal. Si, por ejemplo, el animal está ansioso, es muy probable descubrir síntomas de esto en el sueño, el apetito, el contacto con el cuerpo y la capacidad de exploración. Así que tenemos que observarlo e interrogarlo todo para obtener una visión de conjunto y un diagnóstico preciso.

En el caso de Hector, debemos distinguir entre un estado fóbico que le impide adaptarse y una actitud normal y precavida ante un entorno que el gato considera peligroso. La investigación semiológica no reveló nada anormal: Hector es un gato sano que ha decidido limitar su espacio vital al interior de la casa. No cabe duda de que su desarrollo le predispuso a escoger esta solución y que la desagradable experiencia de su segunda aventura reforzó su decisión, pero no hay nada que tratar.

Rebecca se siente aliviada, igual que su pareja, Thomas, al saber que Hector evoluciona favorablemente y que su bienestar puede considerarse muy bueno. Sin embargo, la decepción persiste:

—Pero de todos modos, no está disfrutando del jardín…

—Es su elección por el momento. Si se ha encontrado con Terminator por el camino, no tendrá muchas ganas de volver a salir.

Les explico lo de la libretita de los gatos, la doble naturaleza de presa y depredador, la importancia de una mala experiencia sensibilizadora y la necesidad de paciencia. Quizá Hector decida volver a explorar el exterior… o no. En cualquier caso, el resto de su comportamiento, los juegos que comparte con sus humanos, la caza de ratones y lagartijas que se aventuran en el interior de la casa, su área de aislamiento compartida, su uso constante y meticuloso del arenero, su apetito regular y ordenado, sus abundantes marcas faciales en la casa y sobre sus dueños, todo apunta a un gato en equilibrio y con un repertorio conductual rico y completo.

Ideamos, pues, estrategias para atraer a Hector al exterior y que disfrute, sin forzarlo nunca. Recibo noticias un año más tarde. Rebecca y Thomas se enteraron poco después de la consulta de que, efectivamente, hay un gato más bien arisco que asusta a todos los gatos domésticos del vecindario: ellos ofrecen a Hector sesiones de mimos y juegos en el exterior, pero él se ha mantenido fiel a sí mismo y lleva una vida feliz y armoniosa como gato de interior.

Hector nos da una primera respuesta a esta polémica que provoca culpabilidad en los dueños por ofrecer a sus gatos una vida encerrada en las cuatro paredes de un piso o una casa. A veces, el gato prefiere un entorno tranquilizador que le proporcione los factores esenciales para su bienestar.

Émile Zola escribió un cuento en este sentido,[16] en el que relata la historia de un gato de Angora (cuyo nombre el lector desconoce) que quiere descubrir la libertad de los gatos callejeros, pero después de una aterradora noche de encuentros con congéneres poco amistosos, bajo la lluvia y sin comida, opta por volver a vivir allí donde encuentra confort y cariño.

Un trabajo de campo

En un plano más científico, para poder dar una respuesta lo más fundamentada posible, pedimos a uno de nuestros estudiantes que llevara a cabo una investigación sobre las condiciones de vida, los repertorios conductuales y la frecuencia de los problemas de comportamiento en los gatos que salían al exterior y en los que no.[17] Creo que es esencial desarrollar los resultados un poco más.

El trabajo fue bastante extenso: se incluyeron 351 gatos en el estudio, que arrojó una gran cantidad de información y un hallazgo importante: no había más problemas conductuales (en particular, con respecto a las dos quejas principales: suciedad y agresividad) en los gatos confinados que en los gatos con acceso al exterior.

Por cierto, ¡los gatos ronronean igual vivan dentro o fuera de casa!

Por supuesto, en esta investigación aparecieron ciertas diferencias entre los dos grupos: los gatos que no salen son más propensos a tener su «momento de locura»* y agitación motora

* *Quart d'heure de folie* ('cuarto de hora de locura') son episodios, por lo general breves, de agitación y actividad excesiva, en los que, entre otras cosas,

206

que los gatos que salen, y también muestran secuencias de depredación simuladas con más frecuencia.

En la misma línea, y esto parece lógico, en los gatos que viven en un piso o en una casa sin salir al exterior se observan muchas más fases de juego que en los que salen al exterior y participan, por ende, en otras actividades externas.

Las diferencias son explicables y lógicas: un comportamiento fundamental como la depredación o bien se expresa «de verdad» sobre presas naturales, o bien necesita una salida que permita a nuestro felino doméstico satisfacer esta necesidad. El juego, rasgo neoténico* por excelencia, se expresa mucho más en un entorno protegido, donde hay poco margen para temer situaciones que ponga en peligro la vida, que al aire libre, donde se requiere una vigilancia constante.

Por lo tanto, la diferencia de biotopo conduce a una variación del repertorio de comportamientos, y esto no resulta sorprendente.

Pero ¿qué nos dice el estudio sobre nuestra pregunta principal? ¿Llevar una vida sin acceso al mundo exterior implica más problemas de comportamiento? ¿Existen pruebas de que vivir en casa, sin salir, genere infelicidad y, por tanto, aumente la frecuencia de patologías del comportamiento?

Por supuesto, un solo estudio no nos permite cerrar el tema de una vez por todas, pero el número de sujetos incluido fue grande y la distribución homogénea, lo que nos permite empezar a sacar algunas conclusiones.

Para empezar, parece evidente que las enfermedades psíquicas graves que hemos mencionado, la distimia bipolar o el síndrome disociativo, no son consecuencia del medio ambiente. Además, son poco frecuentes y no aparecen en un biotopo más que en otro.

Lo interesante es que el objetivo de esta investigación era comprobar si los síntomas que podrían sugerir un estado de

son frecuentes las carreras por la casa. Normalmente, se producen en un determinado momento del día. *(N. de la T.)*

* Neoténico: carácter juvenil que persiste en la edad adulta.

ansiedad se dan con más frecuencia en los gatos encerrados. Si esto fuera así, resultaría legítimo recomendar —casi obligatoriamente— que todos los gatos adoptados tuvieran acceso al exterior.

Ahora bien, de cada punto que identificamos como señal de alarma de un estado de ansiedad, ninguno presenta diferencia significativa en función del lugar de residencia.

El RSS *(Rolling Skin Syndrome)* no es más frecuente en gatos de interior. Si un gato no tiene pulgas, sabemos que es un signo clásico que nos advierte de un estado patológico, fóbico o ansioso.

La agresividad debida a la irritación es un síntoma importante de un estado de ansiedad productivo e intermitente. Suponiendo que el confinamiento genere frustración y desequilibrio, esperaríamos ver un aumento de la agresividad, pero no es así. Si estas condiciones de vida son más propensas a generar un estado de ansiedad permanente e inhibido, entonces deberíamos encontrar actividades sustitutivas, como el lamido compulsivo que provoca alopecia ventral, pero tampoco es el caso.

Por último, como han demostrado Choupette y tantos otros, la dificultad de estructurar el espacio vital si no responde a las exigencias de la especie provoca, a menudo, excreciones indeseables o marcajes. Si el interior de una casa fuera un hábitat inadecuado, deberíamos haber encontrado más suciedad en los gatos confinados, pero, de nuevo, no es el caso.

Estos resultados son importantes para los que culpabilizan a los dueños de gatos por no poder dejarlos salir e, incluso, desaconsejan encarecidamente la adopción de un gato en esas circunstancias. Esas posturas carecen de base científica y no tienen razón de ser.

Por supuesto, se debe comprobar que el gato de interior pueda satisfacer todas estas necesidades: tres dimensiones para explorar, señuelos depredatorios, biotopos con áreas ricas y bien organizadas de aislamiento, alimentación, excreción, actividad e interacción. Si esto se cumple, no hay justificación para desacreditar las condiciones de vida de un gato de interior.

El riesgo de los extremos

Hace poco me llamó un antiguo cliente. Tras perder a su perro, quería acoger a un gato. Responsable y prudente, empezó a buscar consejos en Internet. Al cabo de unos días, se puso en contacto conmigo, angustiado: «Quería saber su opinión... He leído muchas cosas y estoy un poco confuso. Hay quien dice que, si no puedo o no quiero dejar salir a mi gato, lo estoy maltratando, y otros, que mi actitud es peligrosa para otras especies cuando lo dejo salir. Por el momento, he decidido posponer mi decisión de adoptar».

Hablamos largo y tendido y le dije que, como antes he señalado, se exagera sobre los riesgos para la biodiversidad que suponen los gatos, y que además podía poner cascabeles al gato para avisar a sus posibles presas o colocar cadenas en los árboles que rodean la casa para impedir que el gato trepe y proteger así los nidos. También insistí en la posibilidad de garantizar un bienestar óptimo a un gato sin salida al exterior, tomando algunas precauciones. Por supuesto, se debe elegir un gato o un gatito, cuyas condiciones de desarrollo se correspondan con su futuro entorno: será más difícil que nuestro Marramaquiz se adapte a un espacio cerrado si ha pasado los tres primeros meses de vida en total libertad, receloso de los humanos. Conocer las exigencias del biotopo, su distribución en zonas y la señalización de los caminos permite asegurarnos de que se cumplen todas las exigencias del gato y garantizarle una vida armoniosa y rica.

Como hemos dicho, esta cuestión sobre la posibilidad de salir al exterior es objeto de un debate mucho más filosófico o ético que científico. No debemos pedir a la ciencia respuestas que no tiene. Los gatos siempre demuestran su capacidad para adaptarse a entornos vitales muy diferentes. Si viven en condiciones inaceptables (por ejemplo, si se los obliga a convivir con demasiados gatos sin poder escapar, ya sea en un piso con otros diez de su especie o en un refugio con ciento cincuenta) es inevitable que aparezcan síntomas de ansiedad o depresión (aumento de la agresividad, retraimiento, dejar de acicalarse, suciedad, etcétera). No estamos hablando de eso. Hablamos de las miles de situaciones en las que un gato puede estar en equilibrio: sin salir al exterior pero con estímulos suficientes para desplegar todo su repertorio conductual, o saliendo al exterior de forma controlada, bien con mayordomos humanos que les abran las puertas, con medios tecnológicos o con un acceso muy restringido al interior. Queda claro, pues, que se trata mucho más de una preocupación de las personas que de los propios gatos. Creo que, en esta interminable discusión, como suele ocurrir, lo más sencillo es preguntar a los interesados su opinión. He compartido mi vida con muchos gatos. Cuando era estudiante, la gata que vivía con nosotros no tenía acceso al exterior en absoluto, excepto durante las vacaciones. Minou, con un nombre muy original* que más tarde se convirtió en Grominou (aunque nunca fue obeso), era un gato perfecto, una pieza de exposición. Era amable, pero sabía poner límites, y jugaba con el perro, con el que se llevaba de maravilla, hasta el punto de amamantarlo unos minutos al día: se había hecho un pezón de pelo alrededor del cuello y, al atardecer, le gustaba amamantar al perro unos minutos mientras le hacía mimos. A veces, pasábamos las vacaciones de verano en mi casa, cerca de Toulon, y entonces Minou era libre de vagar. Nunca a más de unas decenas de metros de la casa, aunque parecía disfrutarlo. De vez en cuando, oíamos gatos peleándose y temíamos por él, pero lo encontrábamos en el alféizar de la ventana, escuchando cómo se peleaban los chicos malos. Cuando llegaba la hora de

* Nótese la ironía: en francés, Minou es un nombre estereotípico de gato. Por su parte, Grominou es una contracción de Gros Minou ('Minou el Gordo'). *(N. de la T.)*

irse, mentiría si dijera que a veces no nos obligaba a buscarlo durante algo más de un cuarto de hora. Lo encontrábamos en un arbusto o bajo un matorral, sin prisa por volver a casa, pero cuando, por fin, lo encontrábamos, se metía de nuevo en el transportín y regresaba al piso, a su arenero y a sus juegos con el perro, sin mostrar ningún síntoma físico o conductual de malestar.

Después de él, todos los gatos que he tenido han vivido en semilibertad, con acceso al exterior a petición suya, excepto por la noche, por supuesto, y todos han compartido nuestra vida. Esta es la respuesta que dan millones de gatos a quienes consideran terrible que los animales domésticos estén cautivos y se los obligue, de algún modo, a convivir con las personas. Por supuesto, hay gatos que no pueden elegir, pero, como ya hemos señalado, es totalmente posible construir un biotopo interior más que satisfactorio, y los que tienen la opción de marcharse, pero se quedan, dan testimonio de la profunda y duradera relación establecida entre nuestras dos especies.

A veces veo gatos que expresan su deseo de salir más y que viven en condiciones que se lo permitirían, pero sus compañeros humanos tienen demasiado miedo para dejarlos salir. Me recuerdan a Clémentine, la madre de los gemelos de *El arrancacorazones* de Boris Vian, que intenta a toda costa mantenerlos a salvo talando el árbol del jardín o encerrándolos en una jaula sin paredes.[18] Pero los niños encuentran babosas azules que les dan el poder de volar y librarse de la asfixiante ansiedad materna. Mi trabajo, para el que es necesario empatizar con personas y gatos, me coloca en la posición de traductor y me impide juzgar. Comprendo el deseo de protección y entiendo la necesidad de libertad si esta es posible. Cuando los gatos parecen pedírmela, multiplicando sus intentos de acceder al mundo exterior, o cuando su aparente resignación va acompañada de síntomas de inhibición patológica, siempre que pienso que la libertad podría ser una solución, actúo como su abogado para que se les conceda el permiso de salir. Las gateras conectadas que he mencionado antes o los collares GPS más ligeros son soluciones —son las babosas azules de nuestros gatos modernos— que satisfacen la sed de descubrimiento de unos y el deseo de vigilancia y protección de los otros.

Cuando esto no es posible, por una razón u otra, me aseguro de que el gato disponga de todo lo necesario en su espacio vital para que pueda desarrollarse. Por eso, quien quiera vivir con un gato, que no lo dude: sea cual sea nuestro estilo de vida, encontraremos uno encantado de compartirlo. De nuevo, no hay que dejarse engañar por opiniones sobre algunas razas que nos prometen que el *ragdoll* siempre se comportará como una muñeca de trapo o que el persa está hecho para vivir dentro de casa. Adaptemos nuestro futuro gato y su historia al biotopo que podamos ofrecerle, comprobemos los criterios esenciales que debemos satisfacer y no dudemos en iniciar una apasionada relación.

La gata sobre el tejado de zinc

Una vez dado el paso, pronto se hará otra pregunta, de nuevo en el centro de la polémica. ¿Esterilizar o no a nuestro compañero felino?

Para muchos, la cuestión no se plantea: solo hay una norma, y es la esterilización obligatoria, a veces incluso desde una edad temprana. Han proliferado las publicaciones que recomiendan la ooforectomía (extirpación de los ovarios) a partir de los tres meses o incluso antes.[19] Hoy en día, parece que razonamos un poco más, porque algunos artículos señalan el riesgo del aumento de la ansiedad[20] y achacan al aumento de una hormona, la HL (hormona luteinizante), implicada en esta vulnerabilidad a los estados de ansiedad. La esterilización quirúrgica impide que las hormonas sexuales retornen a la hipófisis y al hipotálamo, lo que favorece la aparición de dosis suprafisiológicas de HL. Dado que existen receptores de esta hormona en numerosos tejidos, algunos autores se han planteado la cuestión del efecto de las dosis elevadas de la hormona (hasta treinta veces la dosis normal, por ejemplo, para un gato esterilizado, en comparación con un gato «entero») sobre la conducta, ya que los receptores están presentes en la tiroides, las glándulas suprarrenales y el tubo digestivo, y sabemos cómo pueden modular las emociones o el estado de ánimo y, en el caso del tubo digestivo, actuar como un segundo cerebro.[21] Es verdad que el estudio al que nos referimos se basa en perros, pero parece difícil pensar que, aunque hayamos visto lo diferentes que son los gatos, la esterilización no tenga efectos en el comportamiento felino.

La literatura veterinaria anglosajona no se interesa por la depresión —la considera reservada para los humanos, porque los «pensamientos oscuros» son difíciles de detectar en otros animales—. Al contrario, en la nosografía veterinaria francesa los estados depresivos existen, y los encontramos con mucha regularidad en los gatos, ya sea como estado depresivo agudo, postraumático, por ejemplo, tras un castigo físico, o, incluso de manera más frecuente, como estado depresivo crónico, después de años de ansiedad no tratada. Parece que la esterilización —y más aún si se realiza de forma precoz— es un factor depresógeno. Hemos observado este efecto en gatos adultos castrados demasiado tarde, cuando tienen seis o siete años, por ejemplo. El cercenamiento de la motivación sexual conduce a veces a un colapso en la actividad.

Téngase en cuenta que lo que digo aquí —que debería hacer reflexionar a los dueños sobre la decisión a tomar— no contradice la necesidad de controlar la población de gatos callejeros.

El debate se hace a menudo imposible cuando se confunden distintos niveles de lógica. Todo el mundo afirma estar a favor del bienestar, pero nadie habla de lo mismo. Como ya he mencionado en un libro anterior[22] y reiterado en el primer capítulo, la posición de las protectoras de animales es radical: se debe esterilizar a todos los gatos e impedir que los particulares permitan a sus gatos reproducirse. La ley promulgada en noviembre de 2021 no llegó a tal extremo: los dueños de gatos con una camada están exentos de declararse criadores, pero deben garantizar la trazabilidad de los gatitos, lo que es excelente. Pero en Francia, sabemos hacer leyes para guardarlas en un cajón. Aunque el texto exige claramente una referencia al certificado de compromiso y de conocimientos,* con solo buscar en Internet «gatitos para regalar», comprobaremos que esto no se aplica y que los anuncios se reducen a menudo a su forma más simple, con una foto y las palabras «se regalan».

En resumen: todas las iniciativas encaminadas a que los dueños se sientan más responsables, todas las acciones llevadas a cabo conjuntamente por las autoridades y las asociaciones protectoras de animales, como la posibilidad de un acuerdo multipartito para gestionar la población de gatos callejeros, son excelentes y un paso en la dirección correcta. Lo cual no impide que pensemos en cada gato de manera individual.

Para su placer

Los especialistas en bienestar han evolucionado mucho desde las primeras definiciones en torno a las cinco libertades. Actualmente, definen ámbitos y tienen en cuenta la experiencia subjetiva del animal.[23] Por ejemplo, la comida puede cumplir todos los criterios de la dietética moderna, pero ¿disfrutan realmente los animales comiéndola? Estas ideas están en consonancia con la nueva definición de bienestar que proporcionó, en 2018, la ANSES,[24] el organismo de referencia para este tipo de reflexiones. La definición de bienestar es esta: «El bienestar de un animal es el estado mental y físico positivo vinculado a la satisfacción de sus necesidades fisiológicas y conductuales, así como de sus expectativas. Este estado varía en función de la percepción que el animal tiene de la situación».

* Certificat d'engagement et de connaissance (CEC). *(N. de la T.)*

Esta definición cambia las reglas del juego: al tener en cuenta no solo las necesidades de comportamiento, sino también las expectativas, el animal se convierte en el verdadero sujeto de su existencia. Al hacer hincapié en la importancia de la percepción de la situación del animal, también confirma que el bienestar es ante todo una cuestión individual, y que las mismas condiciones de vida pueden ser adecuadas para un animal y crear mucho estrés o incluso ansiedad en otro. Así pues, cada gato debe tomar una decisión individual en función de su entorno, de la capacidad de los humanos que viven con él para controlarlo y de las consecuencias del acceso a la reproducción: no es lo mismo dejar un macho en libertad, porque puede aparearse con varias hembras y correr un riesgo considerable de contaminación por el virus VIF contra el que no se lo puede proteger, que decidir que Princesse tenga, con un macho más o menos escogido, una camada de gatitos que recibirán mimos y que serán entregados, con precaución, a familias responsables.

Más allá de estas cuestiones está la del placer. La nueva forma de ver el bienestar pone en juego, naturalmente, la satisfacción del deseo sexual como factor de bienestar. Esto plantea la siguiente pregunta: ¿qué sabemos sobre el placer sexual de nuestros felinos domésticos?

La expresión «comportarse como una gata en celo» se ha incorporado al lenguaje común y se refiere mucho más a la expresión del deseo y al periodo de aceptación de pretendientes que al placer. Durante estas fases se producen manifestaciones espectaculares, a veces, hasta el punto de provocar una consulta, porque las personas que nunca han visto una gata en celo piensan que su pequeña hembra está sufriendo. Grita, se frota contra las paredes: su voz ya no es la misma, sino más ronca. Recordemos que esta especie tiene ovulación inducida, desencadenada por el apareamiento, lo que explica su elevadísima tasa de éxito reproductivo. El celo solo cesa cuando hay apareamiento: los estudiantes de veterinaria que lo saben simulan a veces un apareamiento con un bastoncillo de algodón para poder seguir estudiando tranquilamente. ¿Semejante deseo conduce al placer? Nada es menos cierto en las gatas. Del mismo modo que tenemos pocas dudas de que el placer sexual existe en las perras, las monas, las hembras de delfín y tantas otras especies, en las gatas es poco probable.

Como ya hemos demostrado,[25] no cabe duda de que existe un fuerte deseo, que se da en el placer en la maternidad, en el contacto con los gatitos y en el apego, pero no hay ni rastro de placer sexual, incluso parecería lo contrario. Como esta especie no es social por naturaleza, no nos sorprende ver que no hay cortejo, ni coqueteo, ni seducción... Cuando la hembra está lista, se revuelca en el suelo, muestra el signo de Amantea (si le tocan la base de la cola por un lado, la desviará hacia el otro, con lo que liberará el acceso a la vulva). Tras perseguirla durante unos minutos, el macho salta sobre ella, la agarra por el cuello y la muerde con fuerza. De este modo, crea una lordosis (una curvatura) que facilita la penetración. El pene del gato macho no castrado tiene espículas córneas, como pequeñas espinas en el glande, que hacen que el apareamiento sea doloroso y las gatas griten. No suele durar más de treinta segundos.

Esta rapidez (el tiempo de los dos actores bloqueados en el acto es muy breve) y eficacia (ovulación inducida) resultan muy adecuadas para una especie cuya máxima prioridad es la seguridad. Esto no deja tiempo al placer, al menos para la hembra. Durante una intervención magistral, Thierry Lodé, que acudió a dar un curso sobre esta cuestión en nuestro diplomatura de Psiquiatría Veterinaria, nos dio una explicación. Como profesor de Ecología Evolutiva en la Universidad de Rennes, es especialista en sexualidad en el mundo animal, una pasión que ha compartido en numerosos libros.[26]

Después de dejarnos atónitos cuando reveló que la simulación del «placer» ya aparece en la trucha arco iris hembra, lo que sirve para deshacerse de un macho demasiado ansioso, señaló que, en esta «guerra de sexos», intentar provocar la lealtad de la hembra reviste una importancia evolutiva para los machos. Solo hay dos soluciones: dar mucho placer o causar dolor. Junto a los órganos reproductores de algunos machos, sobre todo en ciertas aves, hay unos ganchos que hacen fácil imaginar el dolor que infligen, y nos pareció que, probablemente, esto ocurre en la especie felina. Como hemos dicho, las características del apareamiento se relacionan con las exigencias de la seguridad, y no permiten el placer para la hembra, pero sí el dolor... Aun considerando con prudencia esta hipótesis, en cierto modo, nos ayuda a entender cómo nuestros felinos perciben la sexualidad, al menos las gatas. Aunque estoy convencido de que reciben mucho placer de sus gatitos, no creo que disfruten del coito, más allá de aliviar un tortuoso deseo.

Esto es lo que los gatos pueden decirnos sobre su libertad: libertad para ir y venir, libertad de acceso a la sexualidad. Una vez más, nos cogen desprevenidos y nos obligan a evitar proyectar nuestros sentimientos e ideas humanas sobre su vida de felinos domésticos. Si queremos proporcionarles el máximo bienestar, debemos ponernos en su lugar, respetar su biología, su fisiología, su constitución, sus representaciones de sí mismos y del mundo que los rodea. Sin imponerles nuestras preocupaciones, consecuencia del «buenismo» contemporáneo, fruto de la proyección de nuestras fantasías en ellos y de un pensamiento filosófico que confunde especies sin respetar su especificidad.

Decir que existe una unidad entre todos los seres vivos, hablar de nosotros y de «otros animales», no es decir que todos vivamos en el mismo mundo, ni que nuestros valores sean universales y deban aplicarse a todas las especies. Debemos reflexionar sobre nuestra relación con la autonomía de los seres vivos de los que somos responsables, a los que cuidamos y a los que amamos: ¿en qué medida podemos saber su opinión, conociendo y observando su comportamiento? y ¿hasta qué punto podemos tenerla en cuenta para establecer una convivencia armoniosa y respetuosa'

Los avances en medicina veterinaria llevan a muchos de nuestros compañeros felinos a vivir hasta una edad considerable y amplían las fronteras de lo que sabemos y podemos hacer en términos de cirugía y medicina.

A los gatos se les da muy bien plantearnos cuestiones casi irresolubles, y lo hacen a su pesar. Su capacidad natural de resistencia, potenciada por la ayuda de la tecnología y el avance de nuestros conocimientos, nos remite a cuestiones que no se plantean en los mismos términos para nosotros, humanos, pero que, actualmente, se observan en la sociedad occidental.

- ¿Cómo envejecer? ¿Qué grado de deterioro es aceptable? ¿Queremos conservar el funcionamiento físico del cuerpo con una alteración de las capacidades cognitivas importante? ¿Qué imagen de la vejez nos devuelven nuestras mascotas y cómo la soportamos?
- ¿Cuáles son los límites de los cuidados que deseamos para nuestras mascotas? ¿Quién puede decir que lo que otro hace por un gato es inaceptable?
- ¿Y el final de la vida? ¿Debe ser siempre natural, o puede ser asistido o supervisado, y, en ese caso, quién toma la decisión? Cuando la ciencia puede prevenir la muerte, pero no siempre permite vivir, ¿cómo arbitrarlo?

Old

Los gatos envejecen con estilo..., la mayoría de las veces.

Hoy, igual que se multiplican las personas centenarias, no es raro ver gatos con más de veinte años y plantearnos la cuestión de la tercera edad felina.

Las condiciones de vida, la protección cotidiana, la medicina y sus avances influyen en el tiempo de vida de los seres humanos y los otros animales. Crean una longevidad que no existe en la naturaleza: aunque la vejez y la superación de los límites es lo primero que se nos ocurre, no nos olvidemos de la adolescencia, que solo existe en los seres humanos y en los otros animales con una vida lo bastante protegida para permitirse perder el tiempo en una transición gradual a la edad adulta. Debatimos este asunto en un apasionante congreso de la asociación ZooPsy.[27] No es el tema de este libro, aunque la conservación de caracteres neoténicos, como la capacidad de jugar, es una de las facetas de esta adolescencia que ha aumentado nuestro deseo de convivir con los gatos.

Aquí nos fijamos en el otro extremo del espectro: ¿qué nos dicen los gatos del hecho de envejecer mucho más que si hubieran quedado a su suerte en una vida salvaje y libre?

Circulan por Internet una serie de cifras, a menudo procedentes de la Universidad de Davis en California, que indican una esperanza de vida muy diferente entre los gatos de interior, con una longevidad de entre diez y quince años, y los gatos de exterior, cuya esperanza de vida es muy reducida, alrededor de dos a cuatro años. Esto ha provocado algunos consejos muy extraños, como recomendar que, por la salud del gato, no se lo deje salir en absoluto, por miedo a recortar drásticamente su vida.[28] Eso me parece falso…, no hay que confundir a los gatos con posibilidad de salir de vez en cuando con los gatos que llevan una vida salvaje. Casi todos mis gatos han salido al exterior, excepto los que no han querido, y casi todos han vivido más de diez años.

Por supuesto, un gato que sale al exterior está más expuesto a los caprichos del tráfico rodado o a los virus que escapan a la vacunación, pero no hay por qué temer una reducción tan drástica en su esperanza de vida. Si es posible crear un entorno interior satisfactorio para los gatos que no sea sinónimo de infelicidad, muchos de ellos agradecen poder salir esporádicamente: no teman, esto no les impedirá envejecer, y somos testigos de esa esperanza de vida cada vez mayor. Todos los veterinarios le dirán que cada vez ven más gatos en edad avanzada, y estos séniores (de entre once y quince años) o geriátricos o superséniores (de más de quince años) suelen presentar problemas de comportamiento. A riesgo de parecer un antiestadounidense cerril, siempre lamento no encontrar a mis «pequeños» en la abundante literatura anglosajona sobre problemas de comportamiento en gatos mayores. Lo que encontramos en esos trabajos es un catálogo de síntomas, agrupados únicamente en las entidades nosográficas del gran cajón desastre llamado CDS, *Cognitive Dysfunction Syndrome* ('síndrome de disfunción cognitiva').

Esto querría decir que solo hay una manera de enfermar cuando llegan los años. Una vez más, necesito que me expliquen por qué lo que es falso para el ser humano sería cierto para otro animal con habilidades diferentes, pero un repertorio igual de complejo, como hemos visto desde el principio de este libro.

En realidad, los gatos también padecen diversas dolencias conductuales en la vejez, y no olvidemos que el envejecimiento no es en sí mismo una enfermedad. Basta con ver cómo envejecemos algunos de nosotros para comprender que este proceso no afecta a todo el mundo por igual.

Nuestra clasificación de enfermedades reconoce al menos cuatro grupos principales de afecciones posibles en la vejez:

- Trastornos emocionales, como la desregulación emocional.
- Trastornos tímicos (que afectan al estado de ánimo del animal), como la depresión involutiva.
- Trastornos cognitivos puros, como el síndrome confusional.
- Trastornos complejos, que pueden combinar los tres factores, como la hiperagresividad del gato viejo.

Hay muchas formas de bienestar, y parece lógico que existan varios trastornos del comportamiento ligados a la vejez.

La distinción no es retórica: cada enfermedad requiere tratamientos y terapias diversas.

Detengámonos en dos de ellas un instante: la depresión involutiva y el síndrome confusional.

Léon, *lost in translation*

Empecemos por el síndrome confusional, que en nuestra nomenclatura se refiere a algo mucho más concreto que el famoso CDS. Hacemos este diagnóstico cuando nos encontramos ante trastornos cognitivos puros, sin alteraciones emocionales ni tímicas. Léon se convirtió en un gato sucio de repente, a los quince años. Sigue siendo igual de mimoso, marca su territorio frotando la cabeza y no parece haber cambiado mucho. Salta un poco menos sobre los muebles, pasa más tiempo durmiendo y, a veces, hace sus necesidades en lugares inverosímiles, aunque siempre había sido un modelo de limpieza. En varias ocasiones, sus dueños lo han encontrado un poco confuso y aturdido, perdido en el pasillo que lleva al cuarto de la colada, donde siempre ha estado su arenero. Si, como en el caso de Léon, nos encontramos ante un conjunto de síntomas cognitivos (pérdida de conocimientos básicos, desorientación, vagabundeo, confusión sin implicación emocional), es muy probable que estemos ante un síndrome confusional, similar a la enfermedad de Alzheimer en los gatos. Estudios fundamentales han demostrado que, al igual que en las personas, y como también mencionamos, en los perros,[29] el cerebro del gato puede sufrir una degeneración similar con una sobrecarga amiloide.[30] La enfermedad felina es aún más parecida a la humana: aunque no hay degeneración neurofibrilar —siempre presente en las personas y nunca en los perros—, los gatos tienen proteínas tau hiperfosforiladas como los humanos, mientras que los perros no. Como sabemos, en la actualidad no existe ningún tratamiento farmacológico eficaz para la enfermedad de Alzheimer, tampoco para los gatos ni los perros. Algunos fármacos han suscitado esperanzas en humanos, pero pronto se desvanecieron. Saber que no podemos curarlo no significa que no podamos tratarlo, fomentando el aprendizaje y, sobre todo, organizando el territorio para adaptarlo. Más areneros con mayor accesibilidad, áreas para dormir cómodas y a su alcance, contacto con mayor suavidad y de forma más predecible: todas estas cosas pueden ayudar a hacer la vida más cómoda a nuestros gatos afectados por esta dolencia. En el caso de Léon, reorganizar su espacio y proporcionarle un arenero más accesible han hecho que vuelva a ser limpio. Algunos juegos sencillos —que siempre triunfan— y explicar la enfermedad permiten a la familia acompañar suavemente al anciano felino hasta su última morada, sin prisas, para poder disfrutar de él durante muchos meses.

Harry no está *happy*

Harry siempre ha sido un gato muy amable, incluso demasiado, y en toda ocasión muy inhibido. Me presentaron a este magnífico gato sagrado de Birmania cuando él tenía dieciséis años: de repente, las noches se volvieron infernales.

Harry se pasea por la casa maullando desgarradoramente: basta con oírlo una vez en la vida para comprender lo insoportable que resulta para los humanos, sobre todo cuando están muy apegados al gato. Estas vocalizaciones desesperadas generan angustia en el oyente, ganas de ayudar al gato o de matarlo si eso se repite cada noche y el gato se recupera durmiendo durante el día mientras los humanos van a trabajar.

Harry parece, pues, perdido en su propia casa. Tiene invertido el ciclo sueño-vigilia (por supuesto, los gatos son, de partida, nocturnos, pero cuando entran en contacto con los humanos aprenden el ritmo de la casa y se adaptan) y, fundamentalmente, parece asustado y ansioso en un espacio vital que es el suyo, el que ha conocido toda su vida. Si a esto se añade una pérdida de placer en las actividades cotidianas (a veces incluso en la comida) y la regresión a comportamientos infantiles (como morder juguetes) tenemos un cuadro bastante exacto de la depresión involutiva en el gato de edad avanzada. Para empeorar las cosas, cuando el dueño acude al veterinario para quejarse, el riesgo —cada vez menor, pero aún presente— es que le ofrezcan «analgésicos», que, a menudo, son neurolépticos sedantes. No mejoran los síntomas, sino al contrario: pueden agravar el estado del animal, que parecerá más confuso o incluso agresivo, lo que, en la gran mayoría de los casos, precipitará su eutanasia.

Como hemos dicho, la base del equilibrio de un gato es su territorio. La necesidad de adaptarse a un espacio vital, a veces imperfecto, puede sumirlo en un estado de ansiedad e inhibición permanentes que, con el tiempo, quizá se conviertan en un estado crónico de depresión que, a su vez, puede complicarse por la involución ligada al envejecimiento. Es una situación grave, pero hay soluciones. Tras comprobar que el organismo de Harry funcionaba correctamente —sus riñones, por supuesto, pero también su tiroides (el hipertiroidismo es muy común en los gatos ancianos)—, lo tratamos con un psicotrópico protector del cerebro, que combate la apoptosis neuronal (la muerte de las neuronas). Pedimos a los humanos que le hicieran la vida más fácil, que el entorno fuera sencillo, accesible y predecible, y todos encontraron la paz…, aunque no por mucho tiempo. La siguiente recaída ocurrió algo menos de quince meses después. Previsible y anunciada, resultó resistente al tratamiento, y se tomó la decisión de no dejar que el gato sufriera psicológicamente. A veces oímos a la gente decir: «¿Merece esto la pena por unos meses más?». ¿Qué piensan ustedes? ¿Quién no estaría tentado a ganar un plus de vida armoniosa? Los dueños de Harry estaban encantados en recuperar a su gato tal y como lo conocían, interactuando con ellos, en paz. Eran muy conscientes de la situación y apreciaron y saborearon los meses ganados, que les permitieron prepararse para lo inevitable.

En medicina conductual, como en el resto de la medicina, la curación no siempre es el objetivo y el bienestar no siempre es alcanzable. Por eso, trabajamos la calidad de vida y la conservación de unas relaciones agradables: ¡somos los guardianes de la relación!

De la cama a la ventana y luego de la cama a la cama

Estas dos afecciones son comunes en nuestros gatos domésticos: también actúan como espejos en los que mirarnos y plantean la cuestión del tipo de vejez que deseamos para nuestros mayores y para nosotros mismos. Algunos de nuestros mayores o algunas de nuestras mascotas ancianas nos hacen aspirar a envejecer como ellos, y otros nos reflejan la terrible imagen de una degradación ilimitada que no deseamos ni para nosotros ni para los demás animales que queremos. La impresión más angustiosa es sin duda la de no tener elección, estar obligado a envejecer cueste lo que cueste y querer que nuestras mascotas envejezcan hasta el límite. Creo que todos juntos debemos reflexionar urgentemente sobre este aspecto de la vida. No hay una respuesta sencilla y, probablemente, no hay respuesta común, cuando la pregunta es: ¿cómo podemos favorecer la decisión individual frente a un envejecimiento que nunca debería ser sinónimo de pérdida de dignidad? Ver envejecer y morir a los gatos puede ayudarnos a responder a esto, tanto por las enfermedades comunes que intervienen durante el envejecimiento, como por las preguntas que planteamos al veterinario y al grupo que rodea al animal. A ustedes quizá les sorprenda saber que no existen residencias para animales mayores dependientes, a pesar de que, como hemos visto, la medicina veterinaria explora los mismos ámbitos disciplinarios que la medicina humana y tiene poco que envidiar a su hermana mayor. La solución es «gordiana» y obvia: cuando la vida se hace insoportable, para los animales de compañía solo existe la eutanasia. Es fácil entender que, o el grupo puede soportar al animal, literal y figuradamente, o no, y a veces, tras valorar su calidad de vida y hablar con el veterinario se llega a la conclusión de que lo mejor es poner fin a la vida del gato.

Ya oigo a quienes dicen que el animal no decide, y su reflexión es legítimo, pero, a menos que cuestionemos el hecho de tener animales de compañía (y creo que algunos extremistas de los derechos de los animales no están lejos de hacerlo), debemos asumir que las personas toman todas las decisiones importantes (sexo, reproducción, alimentación, refugio, etcétera) en lugar de su compañero. Parece difícil indignarse por la irresponsabilidad de quien abandona a su compañero y, al mismo tiempo, reprochar a quienes se ocupan de él y actúan en su nombre en los momentos importantes. Es el famoso «Eres responsable para siempre de lo que has domesticado»[31] de *El principito*. Pero ¿existe un límite para este compromiso? Y si es así, ¿quién puede fijarlo?

Una vez más, los gatos se han convertido en los héroes involuntarios de una polémica sobre el exceso de tratamiento y los límites de los cuidados.

Point Break: límite extremo

En mayo de 2019, Sushi, un gato europeo de tres años, y Tara, una pequeña gata cartuja de la misma edad, fueron noticia. Protagonizaron el primer trasplante renal terapéutico de gatos en Francia. El hecho suscitó muchas preguntas, y mientras algunos se maravillaban de la proeza técnica, otros criticaban la operación por injustificada y extravagante.

«¿No estamos yendo muy lejos?», se preguntaron ciertas instancias. De nuevo el gato golpeaba con fuerza y sacudía los convencionalismos. ¡Un escándalo! Los trasplantes de órganos, un procedimiento médico reservado hasta ahora para los seres humanos, estaban ahora a disposición de los gatos.

Debo admitir que me sorprendió la indignación: la medicina veterinaria no afecta a los fondos públicos. No hay seguridad social ni contribución del Estado: debería haber quedado en un asunto privado. La cobertura de la prensa y el runrún en las redes sociales lo cambiaron y, de pronto, explotó. Adulados por unos, vilipendiados por otros, los veterinarios y cirujanos que llevaron a cabo esta intervención pionera en Francia se vieron sometidos a una tormenta de atención mediática. Pertenezco a la junta directiva de la asociación que se ocupa de la formación continua de los veterinarios generalistas en Francia, la AFVAC.[32] Cuando las autoridades se preocuparon, pidieron que se creara un pequeño grupo de trabajo para reflexionar y contribuir a establecer la posición de la profesión. Junto con dos colegas, ambos especialistas en medicina interna y brillantes oncólogos, debatimos ampliamente la cuestión y publicamos un artículo sobre el tema.[33]

La reflexión fue fascinante, aunque mucho menos inmediata de lo que pude pensar en un primer momento, y cayó en la categoría de «¿Por qué se meten?».

Este trabajo sobre los límites de los cuidados nos sumergió de lleno en la ética médica. Ya poco conocida en medicina humana, aún no ha entrado conceptualmente en la medicina veterinaria. Echemos un vistazo a los cuatro pilares de la ética y veremos que su aplicación a nuestra profesión es complicada.

Principio de autonomía

Uno de los principios más importantes y cada vez más respetados de la medicina humana es el de la autonomía. Los pacientes deben poder decidir si desean un determinado tipo de tratamiento y deben poder rechazarlo. Pensamos inmediatamente en ciertos tratamientos anticancerígenos con resultados bajos que se ofrecen a personas que ya han sufrido mucho y que, en un momento dado, pueden preferir no recurrir a esta última oportunidad. También podríamos hablar de ciertas vacunas —con cuidado de separar la autonomía del paciente de las consecuencias de su decisión— cuando las autoridades médicas y políticas deciden que es obligatorio vacunarse para seguir formando parte del sistema sanitario sin poner en peligro a los demás.

En cualquier caso, este principio me ha permitido aclarar el pensamiento que recorre este libro y expresarlo con un poco más de precisión: nuestros animales de compañía no pueden ser autónomos —por definición son heterónomos—, lo que significa que todas las decisiones relativas a su cuidado pasan por otra persona, ya sea su ser de apego humano, el gestor de una asociación o, en última instancia, el veterinario. Nuestra atención máxima pasa por el hecho de pedir su opinión al animal, a través de la observación y del seguimiento de las señales de malestar o, al contrario, de placer, sabiendo equilibrar nuestros conocimientos científicos con la valencia de la importancia y la calidad de la relación. En el artículo citamos un caso de Claire Beaudu-Lange: Denzo, un pequeño *bulldog* cuya esperanza de vida tras un diagnóstico de linfoma T de alto grado era de tres meses según la perspectiva de los datos adquiridos de la ciencia. Tras discutir el asunto con sus dueños, y dado que el perrito mostraba un evidente deseo de vivir, se inició el tratamiento. Denzo murió… tres años después, y tres días antes de su muerte aún traía su peluche favorito para jugar.

Volviendo al trasplante, ninguno de los dos gatos podía mostrar su consentimiento o deseo, y la falta total de autonomía del donante es sin duda el problema más espinoso de resolver. En medicina humana, el consentimiento se verifica varias veces y debe confirmarse. Pero ¿cómo puede resolver un veterinario el problema moral de mutilar a un animal en beneficio de otro? La respuesta procede en parte de Estados Unidos, donde todo lo que no está prohibido está permitido. En retrospectiva, puede decirse que los gatos a los que se extirpa un riñón sufren escasas complicaciones y poca pérdida de esperanza de vida. Aun así, esto no justificaría someterlos a esta mutilación. Tras algunas pruebas y errores, se estableció una norma que ahora se aplica en todos los países donde se realizan trasplantes. El donante es un gato de un refugio, y los clientes que piden una donación de órganos para su gato se comprometen a adoptar al donante y a ofrecerle la misma calidad de vida: sigue sin haber autonomía, pero al menos hay un beneficio añadido.

Principio de igualdad

Este principio consiste en ofrecer las mismas oportunidades a todos los individuos frente a la enfermedad. Sin duda, en Francia, en medicina humana intentamos respetarlo, pero sería poco realista no darse cuenta de que ya existe una medicina de dos niveles (como mínimo). Al contrario, otra vez en Estados Unidos, este pilar de la ética médica no está vigente en absoluto.

Volviendo a la medicina veterinaria, el coste estimado de un trasplante es de seis mil euros, cifra que no está al alcance de todos, pero sabemos que algunos clientes no dudarían en pagarlo. Dada la cada vez mayor importancia de nuestros animales de compañía, y de los gatos en particular, estoy convencido de que la única manera de conciliar la ética, la salud de los gatos y nuestras posibilidades técnicas es haciendo obligatorio el seguro de enfermedad o la seguridad social privada de los animales. Así se evitarían todos los casos desgarradores en los que los cuidados se paralizan porque no hay forma de financiarlos. Los veterinarios, que siempre han estado en la vanguardia de esta batalla pero no lo publicitan suficiente, han relanzado recientemente una idea que se originó en mi región hace treinta años. «Vétérinaires pour tous» ('Veterinarios para todos') es la asociación que se ocupa de los animales de los más desfavorecidos y suple las carencias o dificultades de algunos dueños. Ya es una iniciativa fantástica, pero imaginemos una verdadera solidaridad entre todos los dueños de animales de compañía. Si los veintidós millones de perros y gatos estuvieran asegurados, sería posible reducir las primas y, deduciendo una ínfima parte, crear un fondo de solidaridad permanente que se ocuparía de todos. En Francia, nunca somos muy partidarios de que nos obliguen a hacer más cosas de las que ya hacemos, pero, por ejemplo, aceptamos un seguro obligatorio para el coche. Creo que nuestras mascotas son mucho más valiosas. Me encantaría contribuir en mis últimos años de ejercicio a la implantación de un sistema así, para que nunca más debamos renunciar a los cuidados. Esta primera intervención quirúrgica en Francia no costó seis mil euros: el cirujano tenía muchas ganas de transmitir su mensaje al mundo veterinario y le encantó la idea de salvar una vida «como fuera». Pero en la práctica actual, no cabe duda de que, sin seguro obligatorio —e incluso así, porque hay límites en la cobertura quirúrgica—, este tipo de intervención se reservaría a los gatos cuyos dueños tuvieran la suficiente capacidad económica para permitírselo.[34]

Principio de no maleficencia, principio de beneficencia

La medicina debe beneficiar al paciente o al menos no debe perjudicarlo. En el caso de los trasplantes, si bien el principio de beneficencia era evidente de inmediato para el receptor, no lo era en absoluto para el donante. Incluir la promesa de una mejora de la calidad de vida gracias a la adopción consecutiva del trasplante resulta, indudablemente, discutible, pero dejaremos que cada cual se forme su propia opinión.

¿Qué podemos decir de la esterilización? Ya hemos hablado sobre el debate filosófico en términos de bienestar que rodea la decisión de permitir a un gato el acceso a la sexualidad, pero el acto quirúrgico en sí, ¿cumple el principio de beneficencia?

Hoy en día, algunos hablan de mutilación al referirse a este acto, y esto ofende a muchos de mis colegas, que siguen convencidos de que al realizar esta operación trabajan con vistas a un bien y les cuesta aceptar encontrarse en el banquillo de los acusados. Solo podemos repetir que, para aportar serenidad al debate, se debe tener cuidado con el ángulo de visión para considerar el problema. Desde el punto de vista de la gestión de las poblaciones, la situación parece evidente; aunque para ser eficaz habría que asegurarse de, por ejemplo, castrar a todos los machos de la zona: mientras quede uno, puede montar a muchas hembras. Desde un punto de vista individual y profiláctico, la castración aumenta la esperanza de vida, porque protege de accidentes y contagios: es, pues, un acto que puede tener una justificación médica, aunque estas consideraciones, también pertinentes para los seres humanos, no llevan a la misma conclusión. La humanidad no entona el lema de «castrémonos para ser felices». Los veterinarios se dedican a la salud animal, pero nunca pierden de vista la salud humana y, de forma aún más global, el medio ambiente: esto los conduce a callejones sin salida éticos, que cada cual resuelve a su modo, según su conciencia, frente a la falta de normas establecidas y en una sociedad cambiante que cada vez cuestiona más lo que ayer parecía evidente.

Esta noticia médica, esta anécdota quirúrgica, pone de manifiesto las tensiones que recorren nuestra sociedad y que llevan a nuestra profesión a un debate ético. Creo que es vital enseñar estas nociones de ética médica a nuestros colegas, y eso es lo que decidimos en nuestro diplomatura de Psiquiatría Veterinaria. En un mundo donde los acusadores pueden ser anónimos y verter torrentes de lodo por Internet, es importante estar orgullosos de nuestras prácticas y pensar bien las cosas antes de enfrentarnos a estas amenazas. La gran mayoría de nosotros practicamos una ética del cuidado. Es una posición pragmática, centrada en el paciente —en el sentido estricto de aquel que sufre—, lo que a menudo permite incluir al animal de compañía, pero también la relación y, por tanto, a los humanos que lo acompañan. Me parece que esto se adapta a nuestra práctica cotidiana, que incluye la salud, el bienestar y el placer del animal, pero también la armonía de las relaciones, las emociones de los dueños y el impacto que nuestras decisiones pueden tener en el medio ambiente.

Todo ha ido bien

Para concluir este repaso a las complicadas, por no decir insolubles, cuestiones que plantean los gatos, no quisiera eludir el debate sobre la eutanasia. A veces, enlaza con la cuestión anterior sobre el límite de los cuidados. La mayoría de los gatos no valen nada…, hablo de dinero. De los setecientos mil gatos que se adoptan cada año (es muy difícil encontrar cifras), solo cincuenta mil tienen pedigrí y, por tanto, son de raza pura. Estos tienen un valor de mercado y a veces se compran por varios miles de euros. Los demás se llaman gatos domésticos o gatos europeos, porque hoy resultaría inapropiado llamarlos callejeros, y se adoptan por unos cientos de euros o menos, incluso, a veces, se regalan. Cuando se requieren cuidados, algunos de los cuales exigen presupuestos considerables, a algunas personas les surge la pregunta: ¿hay que invertir tanto dinero en un gato que no ha costado nada? Mi experiencia —y me alegro— es que, para la mayoría de los dueños, eso no tiene nada que ver. Como la historia de Luka: después de unos días de convivencia, aunque el animal no tiene ningún valor económico, los humanos que lo han acogido están dispuestos a invertir mucho —en tiempo, dinero y, a veces, sufrimiento— para mantener la relación. Sin embargo, para otras personas, la realidad de su situación económica limita el nivel de cuidados posibles. Creo que esta es también una de las razones del desencanto de algunos jóvenes veterinarios que salen de la facultad con grandes esperanzas y ambiciones, acostumbrados a tener acceso a medios técnicos impresionantes, casi ilimitados, y que se topan con el muro de la banalidad cotidiana y de la pobreza. A veces sentirán mezquindad, falta de apego, lo que solo es un límite infranqueable para el dueño cuando debe decidir entre los cuidados a su gato o el alimento para su familia. Esto crea una distorsión, una sensación de desfase entre el sueño profesional y la realidad, que lleva al veinticinco por ciento de nuestros estudiantes a abandonar la práctica a los cuatro años de graduarse. Estoy convencido de que la confrontación con la eutanasia contribuye a esa desilusión. Los veterinarios tienen un poder importante del que carecen los médicos: el poder de decidir, de acuerdo con el entorno del animal, si acabar con su vida. El hábito de integrar esta opción en la reflexión explica la altísima tasa de suicidios en nuestra profesión, mucho más de lo que lo hace el acceso a moléculas que permiten acabar con su vida sin sufrimiento. Un artículo reciente, donde se comparaban las tasas de suicidio de médicos y veterinarios con las del resto de la población, señalaba que, aunque el hecho de estar cerca de la enfermedad y de la muerte es común a todas las profesiones médicas, el estrés repetido asociado al acto de la eutanasia, tanto en el proceso de toma de decisiones como en la ejecución, aparece como un factor agravante para los veterinarios.[35] Esto explica, en parte, que el riesgo de suicidio sea cuatro veces superior al de la población en general. Hoy en día a veces se cuestiona este privilegio envenenado de la posibilidad de la eutanasia, y la responsabilidad del veterinario podría verse aún más comprometida si no logra demostrar que ha intentado explorar todas las demás soluciones posibles. Los gatos siguen siendo un caso especial: aunque comparten con los perros y otros animales la posibilidad de que se les aplique la eutanasia por vejez o enfermedad, actualmente solo ocurre con esta especie que nos vemos obligados a considerar la posibilidad de aplicar la eutanasia a camadas no deseadas.

Todos estamos de acuerdo en que sería cien, mil veces mejor evitarlo controlando adecuadamente los nacimientos, pero cuando llegan los gatitos, a menudo en primavera, por decenas, ¿qué hacer? Esto crea a menudo discusiones entre los distintos actores de la clínica veterinaria, entre los que se oponen de todo corazón y los que se resignan por buenas razones. En cualquier caso, nunca es una decisión fácil, y cuando los veterinarios consienten es para evitar que se haga de mala manera, causando sufrimientos innecesarios como el ahogamiento o la asfixia con éter. A veces, los veterinarios se niegan, y están en su derecho. Incluso ante una requisitoria administrativa, pueden ejercer el derecho de objeción de conciencia para negarse a participar en algo que no concuerda con sus valores. Para nosotros, la eutanasia es y debe seguir siendo una última solución terapéutica, cuando no se puede hacer nada más para evitar el dolor físico o el sufrimiento psíquico. Es un privilegio veterinario exigente, ligado a la heteronimia consustancial a nuestros animales domésticos, de los que los gatos son los máximos representantes, atrapados entre su imagen de animales independientes y su naturaleza de plagas —como todavía los consideran algunos municipios—, a medio camino entre el corazón de nuestro hogar y la naturaleza salvaje.

Escuela para gatos

Los gatos han ganado la batalla de la imagen. Son los protagonistas de las redes, y esto no es poca cosa. Su triunfo nos dice mucho sobre la evolución de nuestra sociedad y nuestra relación con la educación y la jerarquía.

El castigo está prohibido

Insistiré por última vez en ello: el castigo físico está prohibido en los gatos. Nunca funciona y solo nos arriesgamos a sensibilizar al felino y dañar la relación para siempre. Durante siglos, la educación se ha concebido únicamente como una serie de castigos y prohibiciones. Por desgracia, esto parece funcionar en especies sociales que no pueden escapar a la relación. Por suerte para ellos, los gatos muestran una resistencia intrínseca y esencial a esto.

Poco a poco, los métodos han evolucionado para todos, la educación positiva se ha convertido en la referencia, y los gatos han aprobado esta evolución y nos han acompañado a través de ella. Hoy, se pueden encontrar vídeos de gatos haciendo *agility* (carreras de obstáculos) ante la mirada de su humano; en definitiva, aprendiendo e interactuando mientras se los respeta y anima.

Los gatos nos enseñan que los mejores métodos de educación se basan en la colaboración y el compromiso del alumno. Aunque esto hoy parezca evidente, no debemos olvidar que es cierto aquí y ahora, pero que sigue siendo, en gran medida, falso en todo el mundo.

La jerarquía no vale de nada

Durante mucho tiempo, nuestras sociedades se basaron en la verticalidad y la jerarquía: el perro podía ser un modelo de ello. Esto es cada vez menos cierto, al menos en apariencia. Las nociones de autoridad y respeto a la vejez han dejado de ser válidas, y poco a poco las sustituye una cultura de la horizontalidad y el trabajo colaborativo. El animal totémico de esta evolución podría ser el gato, como nos evocan los grupos de hembras que crían gatitos juntas. Si miramos a nuestro alrededor, veremos cada vez más ejemplos de grupos que funcionan sin líder, basados en el reparto de tareas y un objetivo común. En perros y humanos, cuando la jerarquía está clara, nos tranquiliza y permite construir sociedades, pero con demasiada frecuencia esa jerarquía se vuelve ansiógena e impide la realización individual. En los gatos, o la relación es agradable y permite la convivencia o no, y se consuma la ruptura. Así funcionan los grupos de proyecto. La relación solo se mantiene en el marco del objetivo temporal.

No es de extrañar que los gatos, siempre enemigos de las sanciones y refractarios a la jerarquía, representen como nadie el siglo XXI, sobre todo, porque acompañan a otras tendencias importantes.

El cuerpo protegido

Los diversos escándalos en torno a los abusos sexuales de mujeres (o niños pequeños) a lo largo de los siglos salen ahora a la luz y han dado lugar a una concepción muy diferente del cuerpo, que hoy se considera sagrado. En nuestra época, antes de tocar el cuerpo de otra persona es necesario su permiso explícito. Ya vimos con Isis hasta qué punto esto se aplica a los gatos. Aunque no se trata de comparar los traumas sufridos por las personas maltratadas con el deseo de algunos gatos de que no los toquen, debemos decir que, una vez más, nuestro amigo felino se ha convertido en portavoz de una causa crucial. Por otra parte, hay que tener cuidado de no exagerar: empezamos a oír que a los perros no les gusta que los acaricien, lo que me parece una exageración. A ciertos perros no les gusta que los acaricien y a otros no les gusta todo tipo de caricias, pero no debemos hacer una afirmación general.

A algunos gatos, aunque no sean la mayoría, les encanta el contacto físico y lo buscan. Los gatos también nos dicen: sed respetuosos con el cuerpo del otro y estad abiertos a su singularidad.

Terapia de ronroneo

A veces nos lo dicen con su ronroneo, algo que sigue siendo un enigma: vibraciones de los músculos de la laringe o del diafragma, se han propuesto numerosas hipótesis casi siempre refutadas.

Y lo que es más importante, creemos que a menudo se malinterpreta el ronroneo como un signo exclusivo de placer. Los gatos que sufren, los que agonizan o los que están de parto ronronean, y sabemos que estas situaciones pueden ser sinónimo de dolor o malestar. Una teoría popular es que el ronroneo tiene poderes curativos.[36] Se emite a entre veinticinco y cincuenta hercios, frecuencias que favorecen el crecimiento o la curación de los huesos, por ejemplo. El ronroneo es un mensaje tranquilizador que el gato puede enviarse a sí mismo en una situación desagradable o a otros compañeros con los que está en sintonía. Por supuesto, esta comunicación aparece por primera vez entre la madre y sus gatitos, ya que estos pueden ronronear a partir de los dos días de vida, y las madres lo hacen durante el parto y en cada toma.

Sigamos disfrutando del ronroneo cuando nos lo ofrecen durante una cita acordada: la paz que sentimos cuando nuestro gato ronronea en nuestro regazo o justo a nuestro lado es la música de la confianza y la armonía compartida.

Relaciones personales

Esta es la última lección que aprenderemos sobre nuestros gatos. Al buscar bibliografía para este libro, leí muchos artículos sobre las relaciones sociales entre gatos o entre gatos y personas. Esto me parece que conduce a una visión falsa, y en todas partes, en cada línea, convendría tachar la palabra «sociales» para estar más cerca de comprender a los gatos. Sus relaciones no son sociales, no son globales, no son automáticas. Nuestros felinos domésticos son expertos en establecer relaciones, pero debemos tener cuidado: son frágiles y reversibles. Los gatos no nos quieren porque seamos sus «amos» y no les importa que seamos sus «dueños». Pertenecer al mismo grupo o tener que vivir en el mismo lugar no es garantía de establecer una relación. En cambio, crear relaciones con paciencia, sobre todo si el gato es sociable —es decir, si tiene un apetito natural por el contacto—, cultivar la confianza, compartir el placer de los momentos de juego y serenidad permitirá establecer una verdadera relación de amistad.

La mujer es el futuro del hombre... y del gato[*]

Mientras repasaba estas lecciones felinas muy deprisa —demasiado rápido sin duda— me di cuenta de hasta qué punto se confirmaba mi intuición de hace unos veinte años. El gato es un icono de nuestro tiempo porque encarna los valores femeninos y nuestras sociedades modernas están en vías de adoptarlos. Desde mis tiempos de adolescente hasta hoy, he visto al mundo, o al menos a Occidente, pasar de una estructura que podríamos calificar de canina, masculina, jerárquica y vertical, cuyos valores declarados eran la virilidad, incluso la agresividad y el poder, a una estructura femenina, colaborativa y horizontal, con valores centrados en la calidad de vida, la atención al entorno y las relaciones, más próxima a una concepción felina.

Cuando pensé en eso, me vino a la mente un cuento de Kipling para niños que relata cómo, en una época en la que todos los animales eran salvajes, las primeras mujeres intermediaron para poner en marcha la domesticación.[37] El gato pactó con ellas y obtuvo el derecho a entrar en casa, estar al abrigo y recibir alimentos a cambio de complacer a los niños, hacerlos reír y ahuyentar a los ratones. Pero, queriendo conservar su independencia, no firmó ningún pacto con los hombres que, desde entonces, lo echan de casa, ni con los perros, sus «pri-

[*] «L'avennir de l'homme est la femme» es una frase célebre de Louis Aragon, frecuentemente citada, como en este caso, con sus constituyentes invertidos, aunque sin cambio de significado: «La femme est l'avenir de l'homme». (N. de la T.)

237

meros amigos», que corren tras ellos. Lo extraordinario es que Kipling escribió este cuento a principios del siglo xx, mucho antes de que los descubrimientos científicos nos enseñaran que la domesticación (o más bien el acercamiento entre perros y humanos) se produjo, sin duda, porque mujeres y perras frecuentaban los mismos entornos (simpatría) y se observaban mutuamente cuando criaban a sus pequeños, y que la domesticación del gato fue mucho más tardía y sigue siendo mucho más inestable.[38] Lo que me impresionó aún más fue la evocación de esta relación entre la mujer y el gato que no excluye a todos los hombres (Kipling dice: «Tres hombres de cada cinco arrojarán siempre cosas a un gato cuando se encuentren con él»), pero que sella una alianza especial que hoy resurge de manera evidente.

Epílogo

Together

Llevaba años queriendo escribir este libro, y tardé mucho en hacerlo.

Además de contar sus historias, paso la mayor parte de mi vida cuidando gatos y enseñando lo que considero la disciplina más importante de todas: la psiquiatría veterinaria. Mi esperanza es haber cumplido lo que First me pidió en sueños, abrir la puerta al conocimiento sobre los gatos y mejorar su calidad de vida.

Ustedes lo han entendido: este libro es también una llamada a compensar el retraso, a no abandonar a los gatos con sufrimiento psíquico. El quince por ciento de los gatos atendidos en consultas de medicina conductual demuestra que no les prestamos suficiente atención, que nos aferramos a falsas ideas que los perjudican. Hoy en día, hemos avanzado mucho en el diagnóstico y tratamiento de todos los trastornos del comportamiento felino, e incluso cuando coquetean con la locura, podemos ayudarlos.

Los gatos son las estrellas de las redes sociales. A veces se los quiere por las razones equivocadas, a menudo se los maltrata por ignorancia y nuestro entusiasmo debe caminar por la senda del conocimiento para que no se convierta en una locura nociva.

A lo largo de estas páginas, he intentado mostrar hasta qué punto los gatos nos obligan a empatizar. Trabajar ese aspecto nos abre las puertas a un mundo rico y complejo, y también puede permitirnos descubrir las causas de ciertos sufrimientos y solucionarlos.

También son maestros del respeto: su vínculo con el cuerpo y con las relaciones nos obliga a escapar de nuestras concepciones humanas si queremos construir un puente entre ellos y nosotros.

Portentosos equilibristas tanto física como psicológicamente, su doble naturaleza los expone también a trastornos que les causan sufrimiento. Por último, al ser mamíferos como tantos otros, también están sujetos a trastornos menos específicos que, no obstante, requieren tratamiento.

Pero nada de esto debe distraernos de lo realmente importante: el milagro del encuentro y el don de la amistad que pueden ofrecernos, una amistad cuyo placer nos vuelve... locos.

Notas bibliográficas

Prólogo

1. Brion A., Ey H., Psychiatrie animale, París, Desclée de Brouwer, 1964.
2. Cyrulnik B., *Mémoire de singe et paroles d'hommes,* París, Hachette, 1983.
3. Moscovici S., *Hommes domestiques et hommes sauvages*, París, Union générale d'édition, 1974.
4. Morin E., *L'Unité de l'homme*, París, 10/18, 1970.
5. Ritvo L., *L'Ascendant de Darwin sur Freud*, París, Gallimard, 1992.
6. Lacan J., *Le Séminaire*, libro II: *Les Psychoses, 1955-1956*, París, Seuil, 1981, p. 108. Y «Propos sur la causalité psychique», *L'Évolution psychiatrique*, 1947, pp. 38-41.
7. Brunelle L., *Les Névroses expérimentales*, París, Raison présente, 1967.

Capítulo 1

El Joker o la doble naturaleza del gato

1. Véase el capítulo «Idéfix» de mi obra La Psychologie du chien. Stress anxiété, agressivité…, París, Odile Jacob, 2004, p. 17.
2. *Le Monde de Jamy*, https://www.france.tv/france-3/le-monde-de-jamy/405325-chiots-chatons-les-premiers-pas-de-nos-animaux-preferes.html.

3. Béata C., *Au risque d'aimer*, París, Odile Jacob, 2013.
4. WSAVA (World Small Animal Veterinary Association), FECA-VA (Federation of European Companion Animal Veterinary Associations), AFVAC (Association française des vétérinaires pour animaux de compagnie).
5. Seligman M. E., Maier S. F., «Failure to escape traumatic shock», *Journal of Experimental Psychology*, 1967, 74, pp. 1-9.
6. Morizot B., *Manières d'être vivant*, Arlés, Actes Sud, «Mondes sauvages», 2020.
7. Ferlier U., *Campagne, ville ou environnement clos: quelle est l'influence du milieu de vie sur le répertoire comportemental du chat, à l'intérieur, chez ses propriétaires?*, disertación para la diplomatura interuniversitaria de Veterinaria del Comportamiento, octubre de 2008.
8. Béata C., *Au risque d'Aimer, op. cit.*

Capítulo 2

Territorio y sufrimiento

1. Werber B., *Sa majesté des chats*, París, Albin Michel, 2019.
2. https://www.express.co.uk/news/weird/544409/Grumpy-Cat-worth-more-than-Hollywood-stars.
3. Kramer C. K., Mehmood S., Suen R. S., «Dog ownership and survival: A systematic review and meta-analysis», *Circ. Cardiovasc. Qual. Outcomes*, 2019, 12 (10), e005554.
4. Zasloff R. L., «Measuring attachment to companion animals: A dog is not a cat is not a bird», *Appl. Anim. Behav. Sci.*, 1996, 47 (1-2), pp. 43-48.
5. Despret V., *Habiter en oiseau*, Arlés, Actes Sud, «Mondes sauvages», 2019.
6. Virring A., Lambek R., Thomsen P. H., Møller L. R., Jennum P. J., «Disturbed sleep in attention-deficit hyperactivity disorder (ADHD) is not a question of psychiatric comorbidity or ADHD presentation», *J. Sleep Res.* 2016, 25 (3), pp. 333-340.

7. Leyhausen P., *Cat Behaviour. The Predatory and Social Behaviour of Domestic and Wild Cats*, Nueva York, Garland STPM Press, 1979.
8. https://francetvstudio.fr/production/collection-le-monde-de-jamy/e/chiots-chatons-les-premiers-pas-de-nos-animaux-preferes/
9. Villeneuve-Beugnet V., Beugnet F., «Field assessment of cats' litter box substrate preferences», *Journal of Veterinary Behavior*, 2018, 25, pp. 65-70.
10. Ellis J. J., McGowan R. T. S., Martin F., «Does previous use affect litter box appeal in multicat households?», *Behav. Processes*, 2017, 141, pp. 284-290.
11. Grigg E. K., Pick L., Nibblett B., «Litter box preference in domestic cats: Covered versus uncovered», *Journal of Feline Medicine and Surgery*, 2013, 15 (4), pp. 280-284 (© ISFM and AAFP 2012).
12. Investigación MHN SFPM, http://www.chat-biodiversite.fr.
13. Béata C., *Au risque d'aimer, op. cit.*
14. Monti-Bloch L., Jennings-White C., Berliner D. L., «The human vomeronasal system: A review», *Annals of the New York Academy of Sciences*, 1998, 855, pp. 373-389.

Capítulo 3

Relaciones: ¿sí o no?

1. Béata C., Muller G (dir.), *Pathologie du comportement du chat*, París, Éditions AFVAC, 2016.
2. Schwartz S., «Separation anxiety syndrome in dogs and cats», *J. Am. Vet. Med. Assoc.*, 2003, 222, pp. 1526-1532.
3. Vigne J.-D. *et al.*, «Early taming of the cat in Cyprus», *Science*, 2004, 304 (5668), pp. 259-259.
4. Béata C., *Au risque d'aimer, op. cit.*
5. Pageat P., *Pathologie du comportement du chien*, París, Éditions du Point vétérinaire, 1994.

6. Hofmans J., Étude *clinique sur chatons. Inhibition du chaton* à *6 semaines et tempérament à 6 mois: qu'en est-il?*, disertación para la diplomatura interuniversitaria de Veterinaria del Comportamiento, 2021.
7. https://francetvstudio.fr/production/collection-le-monde-de-jamy/e/ chiots-chatons-les-premiers-pas-de-nos-animaux-preferes/
8. Vigne J.-D. *et al.*, «Early taming of the cat in Cyprus», art. cit.
9. Russell N., «The wild side of animal domestication», *Society & Animals,* 2002,10 (3), pp. 285-302.
10. AAFP et ISFM, «Feline environmental needs guidelines», *Journal of Feline Medicine and Surgery*, 2013, 15, pp. 219-230.
11. Simon's Cat, «Cat Man Do», https://www.youtube.com/watch?v=V8os2v7ZuJs.
12. Béata C., *Au risque d'aimer, op. cit.*
13. Beata C., *Au risque d'aimer, op. cit.*
14. Crowell-Davis S., «Understanding cats», *Compend. Contin. Educ. Vet*, 2007, 29 (4), pp. 241-243.
15. *Le Monde de Jamy, op. cit.*

Capítulo 4

Alguien voló sobre un nido de gatos locos

1. Kreutzer M., *Folies animales*, París, Le Pommier, 2020.
2. Ey H., Brion A., *Psychiatrie animale,* París, Desclée de Brouwer,1964.
3. Béata C., *Au risque d'aimer, op. cit.*
4. *Blackfish*, película de Gabriela Cowperthwaite, 2013.
5. Garner B. *et al.*, «Pituatary volume predicts future transition ti psychosis in individuals at ultra-high risk of developing psychosis», *Biol. Psychiatry*, 2005, 58, pp. 417-423. Brown E. S., Rush A. J., Mcewen B. S., «Hippocampal remodeling and damage by corticosteroids: implications for mood disorders», *Neuropsychopharmacology*, 1999, 21, pp. 474-484.
6. Watzlawick P., *Stratégie de la thérapie brève*, París, Seuil, 1998.

7. LOOF: l'abyssin, https://www.loof.asso.fr/races/desc_race. php?id_race=1.

8. Sastre J.-P., Jouvet M., «The oneiric behavior of the cat», *Physiology & Behavior,* 1979, 22 (5), pp. 979-989.

9. Ferguson J., Dement W. C., «The effect of variations in total sleep time on the occurrence of rapid eye movement sleep in cats», *Electroencephalog. Clin. Neurophysiol.,* 1967, 22, pp. 2-10. Carskadon M. A., Dement W. C. «Monitoring and staging human sleep», en M. H. Kryger, T. Roth, W. C. Dement (dir.), *Principles and Practice of Sleep Medicine,* St. Louis, Elsevier Saunders, 2011, 5.ª ed., pp. 16-26).

10. Lauveng A., *Demain j'étais folle. Un voyage en schizophrénie,* París, Autrement, 2019.

11. Jacqmot O. «Comparison of several white matter tracts in feline and canine brain by using magnetic resonance diffusion tensor imaging», *The Anatomical Record,* 2017, 300, pp. 1270-1289.

12. Naccache L., *Le Nouvel Inconscient. Freud, le Christophe Colomb des neurosciences,* París, Odile Jacob, 2006.

13. Sneddon L. U., «Pain perception in fish: Indicators and endpoints», *ILAR Journal,* 2009, 50 (4), pp. 338-342.

14. Owens J. L., Olsen M., Fontaine A., Kloth C., Kershenbaum A., Waller S., «Visual classification of feral cat Felis silvestris catus vocalizations», *Current Zoology,* 2017, 63, pp. 331-339. Tavernier C., Ahmed S., Houpt K. A., Yeon S. C., «Feline vocal communication», *J. Vet. Sci.,* 2020, 21 (1), e18.

15. Gallup G. G., «Chimpanzees: Self-Recognition Science», *New Series,* 2 de enero de 1970, vol. 167, n.º 3914, pp. 86-87.

Capítulo 5

El gato, icono y centinela

1. Morizot B., *Manières d'être vivant, op. cit.*

2. «Coronavirus: un tigre d'un zoo de New York testé positif», *Le Monde*, 6 de abril de 2020.

3. Bosco-Lauth A. M. *et al.*, «Pathogenesis, transmission and response to reexposure of SARS-CoV-2 in domestic cats», *BioRxiv*, 2020.

4. https://agriculture.gouv.fr/un-veterinaire-entre-au-conseil-scientifique-covid-19.

5. https://www.anses.fr/fr/content/les-coronavirus-des-virus-partag%C3%A9s-par-les-animaux-et-les-hommes.

6. Damásio A. R., *L'Erreur de Descartes. La raison des* émotions, París, Odile Jacob, 2006.

7. 7. Steigerwald E. S., Sarter M., March P., Podell M., «Effects of feline immunodeficiency virus on cognition and behavioral function in cats», *J. Acquir. Immune Defic. Syndr Hum Retrovirol.*, 1999, 20 (5), pp. 411-419.

8. 8. Beaufils J.-P., *Modifications du comportement induites par le virus de l'imunodeficience féline (FIV) chez le chat*, tesina para conseguir el título de veterinario conductista de las Écoles vétérinaires françaises, 2001.

9. 9. Buffington C. A., Chew D. J., Woodworth B. E., «Feline interstitial cystitis», *J. Am. Vet. Assoc.*, 1999, 215, pp. 682-687.

10. *Ibid.* y Buffington C. A., Westropp J. L., Chew D. J., Bolus R. R., «Clinical evaluation of multimodal environnmental modification (MEMO) in the management of cats with idiopathic cystitis», *J. Feline Med. Surg.*, 8 (4), pp. 261-268.

11. Buffington C. A., Bain M., «Stress and feline health», *Vet. Clin. North Am. Small Anim. Pract.*, 2020, 50 (4), pp. 653-662.

12. Buffington C. A. «Pandora syndrome in cats: Diagnosis and treatment», *Today's Veterinary Practice*, otoño de 2018, pp. 31-40, https://todaysveterinarypractice.com/urology-renal-medicine/pandora-syndrome-in-cats/.

13. Radosta L., *Veterinary Psychiatry Potpourri*, http://wsava2017.com/scientific-information/scientific-programme.html.

14. Denenberg S. (dir.), *Small Animal Veterinary Psychiatry*, Oxford, Cabi Editions, 2020.

15. Extracto de un poema de T. S. Elliott citado por S. Hochet en su Éloge *du chat*, París, Léo Scheer, 2014.

16. Zola É., «Le paradis des chats», en *Nouveaux contes* à *Ninon*, 1874.

17. Ferlier U. *op. cit.*

18. Vian B., *L'Arrache-cœur*, París, Le Livre de Poche, 1953.

19. Stubbs W. P. Bloomberg M. S., «Implications of early neutering in the dog and cat», *Seminars in Veterinary Medicine and Surgery (Small Animal)* 1995, 10 (1), pp. 8-12.

20. Spain C. V., Scarlett J. M., Houpt K. A., «Long-term risks and benefits of early-age gonadectomy in cats», *J. Am. Vet. Med. Assoc.*, 2004, 224, pp. 372-379.

21. Kutzler M. A., «Possible relationship between long-term adverse health effects of gonad-removing surgical sterilization and luteinizing hormone in dogs», *Animals* 2020, 10 (4), p. 599.

22. Béata C., *Au risque d'aimer, op. cit.*

23. Mellor D. J. «Positive animal welfare states and encouraging environment-focused and animal-to-animal interactive behaviours», *N. Z. Vet. J.*, 2015, 63 (1), pp. 9-16.

24. Agence nationale de sécurité sanitaire de l'alimentation, de l'environnement et du travail, 14, rue Pierre-et-Marie-Curie, 94701 Maisons-Alfort.

25. Béata C., *Au risque d'aimer, op. cit.*

26. Lodé T., *La Guerre des sexes chez les animaux*, Odile Jacob, 2007; *La Biodiversité amoureuse. Sexe et* évolution, Odile Jacob, 2011; *Pourquoi les animaux trichent et se trompent. Les infidélités de l'évolution*, Odile Jacob, 2013; *Histoire naturelle du plaisir amoureux*, Odile Jacob, 2021.

27. Béata C. (dir.), *L'Adolescence*, libro del congreso ZooPsy, París, 2017, París, colección «Zoopsychiatrie», 2017.

28. «Le chat d'extérieur est-il plus heureux que le chat d'intérieur?», sur le site Wamiz, https://wamiz.com/chats/conseil/le-chat-doit-il-sortir-pour-etre-heureux- 3459.html.

29. Béata C., *La Psychologie du chien, op. cit.*, capítulo 7 «Kim», p. 287.

30. Gunn-Moore D. A., Mcvee J., Bradshaw J. M., Pearson G. R., Head E., Gunn- Moore F. J., «Ageing changes in cat brains demonstrated by beta-amyloid and AT8-immunoreactive phosphorylated tau deposits», *J. Feline Med. Surg.*, 2006, 8, pp. 234-242. Head E., Moffat K., Das P., Sarsoza F., Poon W. W., Landsberg G., Cotman C. W., Murphy M. P., «Beta-amyloid deposition and tau phosphorylation in clinically characterized aged cats», *Neurobiol. Aging*, 2005, 26, pp. 749-763.

31. Saint-Exupéry A. de, *Le Petit Prince*, escrito en Nueva York en 1942. *[El principito, Salamandra, 2001].*

32. AFVAC, Association française des vétérinaires pour animaux de compagnie, 40, rue de Berri, 75008 París.

33. Béata C., Beaudu-Lange C., Muller C., «Jusqu'où va-t-on dans les soins donnés à nos animaux de compagnie?», *Revue vétérinaire clinique*, 2021, 56 (4), pp. 157-169.

34. Méréo F., «Greffe de rein sur un chat: «Sauver une vie, quelle qu'elle soit, est gratifiant»», *Le Parisien*, 21 de agosto de 2019.

35. Fink-Miller E. L., Nestler L. M., «Suicide in physiciens and veterinarians: Risk factors and theories», *Curr. Opin. Psychol.*, 2018, 22, pp. 23-26.

36. Von Muggenthaler E., «The felid purr: A bio-mechanical healing mechanism», en *12th International Conference on Low Frequency Noise and Vibration and its Control*, conferencia publicada en Bristol, Reino Unido.

37. Kipling R., «Le chat qui s'en va tout seul», en *Histoire comme ça*, París, Librairie Delagrave, 1903, https://fr.wikisource.org/wiki/Histoires_comme_ça_pour_les_petits/Le_Chat_qui_s'en_va_tout_seul.

38. Pionnier-Capitan M., Bemilli C., Bodu P., Célérier G., Ferrié J.-G., Fosse P., Garcià M., Vigne, J.-D., «New evidence for Upper Palaeolithic small domestic dogs in South-Western Europe», *Journal of Archaeological Science*, 2011, 38, pp. 2123-2140.

Esperamos que haya disfrutado
de *Locos por los gatos,* de Claude Béata,
y le invitamos a visitarnos
en www.kitsunebooks.org,
donde encontrará más información
sobre nuestras publicaciones.

Recuerde que también puede seguir
a Kitsune Books en redes sociales
o suscribirse a nuestra newsletter.